Kunst und Antiquitäten sammeln

Elisabeth Scherrer

Kunst und Antiquitäten sammeln

Neue Ideen – Wertvolles preiswert zu ergattern

SÜDWEST

Alle Angaben und Empfehlungen in diesem Buch wurden sorgfältig zusammengestellt. Dennoch kann eine Haftung für Vermögensschäden aus der Anwendung der hier erteilten Ratschläge von Verlag und/oder Autor sowie Redaktion nicht übernommen werden.

Redaktion: Cornelia Osterbrauck
Umschlaggestaltung, Illustrationen und Layout: Christine Paxmann, München
Satz: Fotosatz Völkl, Puchheim
Herstellung: Dieter Lidl, München
Druck und Bindung: Legoprint, Trento
Printed in Italy

Gedruckt auf chlor- und säurefreiem Papier

ISBN 3-517-01537-7

KUNST UND ANTIQUITÄTEN – QUALITÄT VON BLEIBENDEM WERT

Sicherlich kennen auch Sie die Faszination, die von Dingen, die ein Künstler oder Handwerker vor mehr oder weniger langer Zeit mit all seiner Hingabe und Erfahrung in Handarbeit geschaffen hat, ausgehen kann. Und so ist es nicht verwunderlich, daß Kunst, Antiquitäten und Sammeln voll im Trend der Zeit liegen.
Aber auch die immer rascher wechselnden Moden und die oft billige und zum schnellen Verbrauch produzierte Ware unserer Wegwerfgesellschaft tragen ihren Teil dazu bei und verstärken unbewußt schon längst vorhandene Wünsche nach Dauer und Beständigkeit. Nach Dingen, die nicht nur „praktisch und abwaschbar" sind, schnell gekauft und ebenso schnell wieder weggeworfen werden, sondern vielleicht nicht ganz so funktional und pflegeleicht, dafür aber solide, anheimelnd und wertbeständig sind. Eben nach Sachen, die nicht unaufhaltsam an Wert verlieren, sondern im Gegenteil sogar im Wert steigen, weil sie Jahr für Jahr älter, seltener und einzigartiger werden.
Kunstwerke und Antiquitäten trotzen der Zeit, erschließen Ihnen Geschichte, verschönern Ihr Dasein, relativieren den Streß der Gegenwart und versprechen Ihnen Dauer über den Augenblick hinaus. Etwas, das bleibt, im Ozean der Vergänglichkeit.
Aber wie können Sie am einfachsten an Kunst und Antiquitäten herankommen? Was könnten Sie sammeln? Wo kaufen Sie was am besten und vorteilhaftesten ein? Wie gestaltet sich das Preisgefüge? Wer bietet was am günstigsten an? Welche Auswahlkriterien müssen Sie beachten? Welche Risiken und Gefahren existieren? Alle diese Fragen und vieles mehr beantwortet der vorliegende Verbraucherführer, der sowohl dem Laien als auch dem Profi viele Anregungen bietet.

INHALT

KAPITEL I - GRUNDSÄTZLICHES

WARUM KUNST UND ANTIQUITÄTEN KAUFEN?

Der Umgang mit Kunst und Antiquitäten schärft Ihren Blick für Qualität und bleibende Werte. Der Umstand, daß etwas „neu" ist, hat plötzlich gar keine Bedeutung mehr, im Gegenteil. Interessant wird dagegen die Frage, warum ein Kunstwerk oder eine Antiquität Jahrzehnte und Jahrhunderte überdauert hat. War es der ästhetische Wert eines Objekts, der sein Schicksal bestimmte und es vor der Zerstörung und dem Vergessenwerden rettete? Oder vielleicht die handwerkliche Perfektion und Solidität, die etwa einen Stuhl so viele Generationen überdauern ließ?
Wenn Sie sich viel mit alten Dingen beschäftigten, schauen Sie plötzlich die neuen mit anderen Augen an. Natürlich gibt es auch hier beeindruckende Kunstwerke und wunderschöne und praktische Gegenstände. Aber das Wissen um die alten Dinge, die die Zeiten überdauert haben, macht kritisch. Der Kenner trennt die Spreu vom Weizen. Nicht jede modische Torheit von ehedem findet um ihrer selbst willen Gnade. Und auch die Objekte der Gegenwart müssen sich unbequeme Fragen nach ihrer Qualität und Beständigkeit stellen lassen.

STIL UND KULTUR ALS AUSDRUCK DER LEBENSAUFFASSUNG

Aber der Wunsch nach dem Umgang mit Kunst und Antiquitäten birgt noch ganz andere Komponenten. So war es zum Beispiel in besseren Kreisen schon immer üblich, sich mit den Erbstücken seiner Vorfahren zu umgeben. Hier gehörte es zum guten Ton, bei besonderen Anlässen das seit mindestens drei Generationen vererbte Familiensilber mit den Initialen von Tante Charlotte aufzulegen, auch wenn es auf den ersten Blick nicht so makellos aussieht wie das neue Cromargan-Besteck. Hier sind die sorgsam gehegten und gepflegten Antiquitäten und Kunstgegenstände Ausdruck einer Lebensauffassung, für die die Vergangenheit Teil unserer Gegenwart und Zukunft ist. Genauso wie man persönlich von dem profitiert, was einem die Vorfahren hinterlassen haben, handelt und schafft man selbst für seine Nachfahren. Der Besitz von Kunst und Antiquitäten soll auch späteren Generationen noch etwas bedeuten.

Vor zwei, drei Generationen waren die Verhältnisse überhaupt ganz anders. Da gab es noch nicht einen breiten Mittelstand wie heute. Nur wenige Leute besaßen Bildung, Geld und „einen guten Namen". Der Rest mußte schauen, wie er über die Runden kam. An „bleibende Werte" war da nicht zu denken. Und wenn etwas vererbt wurde, dann keine seit Generationen gehütete Kostbarkeit, etwa Meißener Porzellan. Es waren eher die Stiefel des älteren Kindes, die an das jüngere weitergereicht wurden, bevor sie dann endgültig auseinanderfielen. Alt bedeutete damals nicht antik, sondern schäbig und armselig. Da war es wirklich ein Fest, wenn man etwas Neues kaufen konnte.

In den letzten Jahrzehnten hat sich einiges geändert. Und auch wenn die Zeiten im Augenblick nicht ganz so rosig erscheinen, können vor allem die Älteren bestätigen, daß es den meisten von uns – und nicht nur wenigen, wie in früheren Zeiten – sehr gut geht. Gerade durch den Umstand, daß die sogenannten Grundbedürfnisse gestillt sind, wächst bei vielen Menschen der Wunsch, auch an Stil, Kultur und Wertbeständigkeit teilzuhaben, an dem, was andere schon immer hatten.

Und auch wer nicht ganz so traditionsbewußt eingestellt ist, kann von dem positiven Image, das Antiquitäten anhaftet, profitieren. Wer in seiner Wohnung einen echten Biedermeier-Sekretär stehen hat, demonstriert gehobenes Wohnniveau. Wer sich gar einen Barock-Sekretär hinstellt, zeigt, daß er nicht nur Geschmack und Kultur, sondern auch eine Menge Geld hat. Und wer Kunst, vielleicht sogar einen angesagten modernen Künstler sammelt, rangiert in der Imageskala schon ziemlich weit oben.

ALTES MUSS NICHT IMMER TEUER SEIN

Noch ein Aspekt darf nicht vergessen werden: Der Mensch ist ein neugieriges Wesen. Aus irgendeinem Grund hat man plötzlich einen Narren an einer faszinierenden Jugendstilvase gefunden. Nun will man mehr über den Künstler, die Technik, die Manufaktur und die Zeit überhaupt wissen. Und ehe man sich's versieht, ist man zu einem Experten für die Glaskunst des Jugendstils geworden!

Und ein weiterer Gesichtspunkt ist vielen von Ihnen vielleicht gar nicht bewußt: Wenn Sie sich nicht gerade auf die ganz wertvollen und seltenen Stücke kaprizieren, dann sind mehr oder weniger alte Antiquitäten häufig günstiger in der Anschaffung als entsprechende neue Gegenstände. Und hier ist nicht von Sperrmüll oder Flohmarktware die Rede.

Sie wissen es selbst, wie teuer es ist, eine Wohnung einzurichten. Und selbst wenn man ausgesprochene Designermöbel mal außer acht läßt, dann gehen doch immer noch ganz erkleckliche Sümmchen für eine Wohnzimmer-Schrankwand oder eine Polstergruppe drauf. Im Vergleich zu diesen Konto-Räumern ist ein Biedermeier-Sofa oder ein Vitrinenschrank aus dem 19. Jahrhundert geradezu billig.

Oder beispielsweise Zwiebelmustergeschirr - das echte, sündteure Meißener - können Sie sich recht preiswert auf Auktionen zusammenkaufen. Ein komplettes Service hat natürlich seinen Preis. Aber man kann es sich ja mit etwas Engagement Stück für Stück zusammentragen. Das befriedigt den Jagdtrieb. Außerdem hat dann auch jedes Teil seine eigene Geschichte.

Auch unter dem Gesichtspunkt des Umweltschutzes ist der Kauf von Antiquitäten äußerst positiv einzuschätzen: Die Wieder- und Weiterverwendung gebrauchter Gegenstände ist aktives Recycling! Ganz abgesehen von den gesundheitlichen Vorteilen beispielsweise alter Möbel, bei denen keine Vergiftungserscheinungen aufgrund undefinierbarer Lacke und Lösungsmittel wie häufig bei neuen Möbeln zu befürchten sind.

Und eines dürfen Sie auch nicht vergessen: Ihre neuen Möbel – teuer bezahlt mit Tausenden von Mark – sind bereits nur noch einen Bruchteil wert, sobald Sie sie nur aus dem Laden getragen haben. Und müssen Sie einmal umziehen - Sie wissen es vielleicht selbst -, sind die Sachen oft nur noch Sperrmüll. Sie können froh sein, wenn Sie nicht noch für das Abholen zahlen müssen!

KUNST UND ANTIQUITÄTEN UND DAS GROSSE GELD

Ganz anders bei Antiquitäten. Diese verlieren auch über Jahrzehnte nichts von ihrem Wert. Ganz im Gegenteil hat sich in den letzten Jahren und Jahrzehnten erwiesen, daß in fast allen Sparten die Preise teilweise ganz erheblich gestiegen sind. Wer da ein geschicktes Händchen hat, kann nebenbei durchaus beträchtliche Werte erwerben - und vielleicht sogar einen Beruf daraus machen. Zahlreiche bedeutende Händler kamen über ihr Hobby oder ihre Sammelleidenschaft zu ihrem Traumberuf.

Daß im Zusammenhang mit Kunst von hohen Summen die Rede ist, ist man ja schon gewohnt. Ein van Gogh für 100 Millionen reißt keinen mehr vom Hocker. Und auch für Antiquitäten werden teilweise schwindelerregende Summen bezahlt. Beispielsweise wurde im Dezember 1993 von Christie's in Monte Carlo ein - zugegebenermaßen prächtiger - Schreibtisch aus dem 18. Jahrhundert für umgerechnet etwa sechs Millionen Mark versteigert. Da macht sich natürlich mancher Hoffnung auf hohe Spekulationsgewinne und das große Geld. Aber ganz so einfach ist es dann doch auch wieder nicht. Manch einer legte zwar im Kunsthandel eine Traumkarriere hin, aber meistens steckte hinter dem ganz großen Geld schon vorher großes Geld - oder sehr viel Wissen, Fleiß und Kompetenz.

Unter dem Gesichtspunkt einer Geldanlage mit vernünftiger Wertbeständigkeit ist der Erwerb von Kunst und Antiquitäten sicherlich empfehlenswert. Wer hier - gut beraten - richtig kauft, dem wird nicht nur das schöne Gefühl zuteil, inmitten wunderbarer Objekte leben zu können. Kommen einmal schlechtere Zeiten oder das persönliche Interesse an bestimmten Objekten läßt nach, dann lassen sich

vernünftig eingekaufte Stücke fast immer gewinnbringend wieder abstoßen.
Aber niemals – egal aus welchen Gründen heraus jemand meint, sich mit Kunst, Antiquitäten und Sammelobjekten befassen zu müssen – sollte man die unmittelbare Freude und Befriedigung gering achten, die diese Objekte vermitteln. Wer hierfür Begeisterung aufbringt, wird immer – unabhängig vom Geldbeutel – Stücke finden, die zu ihm passen und die sein Leben bereichern.
Wer neben Liebe und Begeisterung auch noch das nötige Grundwissen und Know-how mitbringt, der wird an Antiquitäten viel Freude und echte Befriedigung finden!

Wer kann sich das überhaupt leisten?

Das mit dem Sich-leisten-Können ist natürlich so eine Sache: Sicherlich ist der Personenkreis klein, der den im Dezember 1993 in Monte Carlo für umgerechnet fast sieben Millionen Mark versteigerten Silberlüster kaufen kann. Auf der anderen Seite ist praktisch jeder in der Lage, einen hübschen silbernen Zuckerlöffel für 30 Mark zu ersteigern.
Zuallerst sollten Sie sich darüber klarwerden, warum und für welchen Zweck Sie sich eine Antiquität zulegen wollen. Suchen Sie einfach einen hübschen Eßtisch, an dem die Kinder vielleicht auch mal basteln können? In diesem Fall kaufen Sie sich am besten ein preiswertes, stabiles Stück aus der Gründerzeit.
Suchen Sie jedoch eine Antiquität, die möglichst sofort eine profitbringende Geldanlage darstellt, dann müssen Sie andere Kriterien anlegen. In diesem Fall sollten Sie nicht nur, dann müssen Sie Topqualität kaufen. Natürlich dürfen Sie auch hier keine überhöhten Preise bezahlen. Aber wichtigstes Kriterium ist die makellose Qualität. Mittelmäßige Qualität und Massenware – wenn auch häufig noch so gefällig – ist unter dem Gesichtspunkt einer Geldanlage problematisch (siehe Seite 97 ff).

ALTE GRAPHIKEN UND ZEITGENÖSSISCHE KUNST

Wollen Sie Kunst kaufen, können Sie bereits bei geringen Geldbeträgen einsteigen. Relativ günstig erwerben Sie beispielsweise alte Druckgraphiken, etwa Kupferstiche, Holzschnitte, Radierungen und Lithographien. Schon ab etwa 50 bis 100 Mark können Sie beispielsweise eine hübsche Städteansicht, ein Porträt oder einen Blumendruck bekommen. Schauen Sie sich um, was Ihnen gefällt. Spektrum und Angebot sind breit gefächert.

Die Preise hängen stark von der Bedeutung des Künstlers, der Auflage und der gegenwärtigen Mode ab. Für eine Radierung von Rembrandt zahlen Sie eher fünf- oder sechsstellige Beträge. Auch Druckgraphiken anerkannter zeitgenössischer Künstler – obwohl teilweise in sehr hohen Auflagen ediert – sind meist relativ teuer.

Bei Gemälden ist der Begriff „günstig" relativ. Unter 1.000 Mark geht (fast) nichts. Und ist das Werk signiert und das Motiv gefällig, dann steigen die Preise in fünfstellige Regionen. Am besten liegen die Chancen für ein Schnäppchen bei qualitätvollen unsignierten und nicht zugeschriebenen Werken. Außerdem bei Bildern, deren Motiv vielleicht nicht auf den allerersten Blick anspricht, etwa Porträts und religiöse Darstellungen. Süße Kätzchen und schnuckelige Hunde sind selbst in Form künstlerisch absolut unbedeutender Bilder allseits gesucht und damit teuer.

Es gibt jedoch noch eine andere Möglichkeit, Kunstwerke preiswert zu erwerben. Nämlich dann, wenn sie noch gar nicht als solche anerkannt sind. Entweder weil der Künstler völlig in Vergessenheit geraten ist – und vielleicht noch seiner Wiederentdeckung harrt –, oder weil er jung und noch nicht entdeckt ist. Werke junger und noch nicht etablierter Künstler – vor allem kleinere Arbeiten und Zeichnungen – sind meist günstig zu haben.

Allerdings besteht hier keine Garantie, daß die Sachen später wirklich einmal wertvoll werden. Hier müssen Sie sich allein auf Ihr Wissen, Ihren Geschmack und Ihr Gefühl verlassen. Neben dem günstigen Preis

ist aber eben genau dies das Reizvolle: Sie rennen nicht den großen Namen und gerade modischen Richtungen nach - und zahlen dafür noch viel Geld -, sondern fördern junge Künstler und bilden sich Ihr individuelles Urteil.
Teuer dagegen sind die Werke arrivierter zeitgenössischer Künstler sowie signierte oder zumindest relativ sicher zugeschriebene Werke anerkannter älterer Künstler; außerdem Skulpturen und Plastiken. Allein ihr häufig hoher Materialwert - Bronze, Marmor, Plexiglas usw. - macht sie kostspielig.

ANTIQUITÄTEN ALS GEBRAUCHSOBJEKTE

Bei Antiquitäten finden wir eine ebenso breite Preisspanne. Für ein Möbelstück des berühmten Ebenisten Roentgen müssen Sie bis zu einer Million Mark und mehr hinblättern. Aber genauso können Sie auf einer Auktion einen hübschen und guterhaltenen Orientteppich für 100 Mark ersteigern. Was Sie bezahlen müssen, hängt vom Alter, der Seltenheit, dem Materialwert, dem Kunstwert, der gerade herrschenden Mode und Ihrem persönlichen Geschick ab.
Gerade bei Antiquitäten, die auch als Gebrauchsobjekte dienen können - wie Möbel, Porzellan, Silber, Teppiche -, kommen Sie häufig erstaunlich preiswert weg. Und wenn Sie günstig kaufen, schlagen Sie zwei Fliegen mit einer Klappe: Sie erwerben Objekte, die erstens neu gekauft teurer wären und die zweitens mit der Zeit nicht an Wert verlieren, sondern häufig sogar noch zunehmen oder zumindest ihren Wert behalten. Das sind dann Stücke, für die Ihre Erben später nicht händeringend nach einem Sperrmülltransport suchen müssen, sondern die als wertvolle Erbstücke in Ehren gehalten werden!

SAMMELN - SPASS ODER SPEKULATION?

Sicherlich gibt es auch Sammler, die Investoren und Spekulanten sind. Aber dies allein ist noch keine Erklärung dafür, daß sich immer mehr

Menschen mit viel Zeitaufwand, Energie und teilweise großem finanziellem Einsatz ihrem Sammelhobby widmen.
Sammeln macht glücklich, sagen die einen; Sammeln ist eine perverse Leidenschaft, die anderen. Sammler können „harmlose Verrückte" sein, die ihrem persönlichen Fetischismus nachjagen. Aber eigentlich machen sie nichts anderes als unsere großen und kleinen Museen. Und nicht selten landet ja auch die eine oder andere Sammlung eines privaten Sammlers im Museum. So sammelten die Brüder Boisseré in der Zeit der Säkularisation, als Klassizismus angesagt und Mittelalter out war, die überall verschleuderten und der Vernichtung anheimgegebenen Kunstschätze der gotischen Malerei. Heute zählen diese zum Zentralbestand der Alten Pinakothek in München. König Ludwig I. kaufte sie später zu einem damals vieldiskutierten hohen Preis an. Heute sind sie absolut unverkäuflich und unbezahlbar.
Sammler retten generell Kulturgüter vor dem Untergang. Damit kommt ihnen eine kulturgeschichtlich zentrale Rolle zu. Vieles was wir heute von der Vergangenheit wissen, was wir aus ihr noch besitzen, wissen und besitzen wir nur deshalb, weil sich irgendwann einmal irgend jemand aus irgendeinem Grunde bemüßigt fühlte, etwas aufzuheben und zu „sammeln".
Umgekehrt ist es im nachhinein oft unbegreiflich und schmerzlich, was in früheren Zeiten alles als wertloser Plunder weggeworfen, mutwillig zerstört oder gar noch von eifernden Moralisten attackiert wurde. Beispielsweise wurden ganze Wagenladungen von Comic-Heften von damaligen Moralhütern öffentlich vernichtet. Heute würden sie Millionenwerte darstellen. Gerade das Wertlose, Massenhafte, überall Verfügbare von heute ist das Seltene, Kostbare und geschichtlich Interessante von morgen. Weil jeder es wegwirft und schließlich nur noch weniges zufällig überlebt.
Anders ist es mit den Gegenständen, die von Anfang an gesammelt wurden, ja sozusagen zum Sammeln hergestellt wurden, etwa Miniaturen, kunstvoll gestaltete Uhren, kostbares Porzellan usw. Hier hat die Sammelleidenschaft eine Tradition, und die Preise sind im Laufe der Zeit ent-

sprechend gestiegen. Was früher sehr teuer war, ist heute unerschwinglich. Was früher noch bezahlbar war, ist es heute nicht mehr.

SAMMELN SIE NICHT, WAS ALLE SAMMELN!

Das ist langweilig und teuer. Natürlich hat es auch seine Vorteile: Die Wege sind ausgetrampelt, und viele Sammlerkataloge sowie ausreichend Literatur stehen Ihnen zur Verfügung. Läden und Messen sind überall um die Ecke. Sie finden zahlreiche Gleichgesinnte, mit denen Sie sich über Ihre „Lieblinge" austauschen können. Und nicht zuletzt: Was heute gesammelt wird, kann ja zukünftig noch mehr gesammelt werden. In diesem Fall handelt es sich um eine Wertanlage. Andererseits: In die Zukunft können wir alle nicht schauen. Aber sehr wahrscheinlich ist es nicht, daß zum Beispiel die heute in spekulativer Absicht als exklusives Sammlerstück offerierte Telefonkarte wirklich einmal eine gesuchte Rarität wird.

ÜBERTRIEBENE SAMMELLEIDENSCHAFT KANN GEFÄHRLICH SEIN

Sammler können im Extremfall ausgeprägte Individualisten, Besessene, Fetischisten oder verhinderte Museumsdirektoren sein, die ihren Objekten den Nimbus des Magischen, Fetischhaften umhängen. Die sich unwohl fühlen, wenn sie ihre Objekte der Begierde nicht um sich haben, und die gegen die Freuden und Probleme des sonstigen Lebens immun sind. Sie haben ja ihre Sammlung. Sie ist ihnen Geliebte, Gefährte, Freund, Tröster, Versicherung, Lebensinhalt, Zeitvertreib, Energiespender und treuer Kamerad, mit dem man durch dick und dünn geht, für den man auch größere Opfer zu bringen bereit ist, ein Mittel, die eigene Persönlichkeit zu erweitern und zu bilden.

Und natürlich können auch Sammler über das Ziel hinausschießen, sich finanziell ruinieren, ihre Ehe zerstören und die Kinder vernachlässigen. Man sollte sich der Gefahren der Sammelleidenschaft bewußt sein und sich immer fragen: Muß das sein, muß ich dieses teure Stück wirklich besitzen? Oder ist es unvernünftig, der Familie nicht zumutbar, ein Hirngespinst? Schon so mancher Sammler hat im Anschluß an ein elektrisierendes Bietergefecht ein Sammelobjekt besessen, das er sich absolut nicht leisten konnte.

DIE GRENZENLOSE VIELFALT MÖGLICHER SAMMELGEBIETE

Wenn Sie mit dem Sammeln glücklich werden wollen, dann sammeln Sie etwas, was Ihrer Persönlichkeit, Ihren persönlichen Umständen, Ihrem Zeitplan und vor allem Ihrem Geldbeutel entspricht. Lassen Sie sich nicht vom Prestigewahn hinreißen. Was nützen Ihnen die elitärsten Hobbys, wenn sie Ihnen keinen Spaß machen? Was nützt Ihnen der Besitz noch so bedeutender Gobelins, wenn sie Ihnen nicht gefallen? Was wollen Sie sich mit teuren Kunstwerken umgeben, wenn jeder sofort merkt, daß Sie gar kein Verhältnis dazu haben?

Mit der Sammelleidenschaft ist es ein wenig wie mit der Liebe. So plötzlich, wie sie gekommen ist, kann sie auch wieder verfliegen. Dann stehen Sie unter Umständen mit einem Haufen teuer zusammengekaufter Objekte da, die dann vielleicht niemanden interessieren. Da kann man Glück oder Pech haben. Einmal sind Jugendstilvasen gerade gesucht, ein andermal ist der Markt so gut wie tot. Einmal wird Art déco gekauft wie verrückt. Kurz darauf ist man wieder einer Sache überdrüssig und stellt sie ins Depot.

Eine Sammlung wächst, verändert sich, nimmt langsam Gestalt an: Zuerst werden alle Spazierstöcke gesammelt, die einem in die Finger kommen. Bald werden es dann zu viele. Die Sammlung wird zu beliebig. Man stößt den größten Teil wieder ab und behält nur die Stöcke mit Elfenbeinknauf. Dann spezialisiert man sich weiter und konzentriert sich auf diejenigen, deren Elfenbeinknauf aus der ersten Hälfte des 19. Jahrhunderts stammt und ein figürliches Motiv aufweist. Mit viel Jagdeifer und Spürsinn trägt man so im Laufe der Zeit nicht irgendeine beliebige,

sondern eine wirklich bedeutende Sammlung an figürlichen Elfenbeinknäufen des Biedermeier zusammen.
Besonderes Ansehen genießen natürlich die traditionellen - und teilweise auch deshalb teuren - Sammelgebiete wie Kunst, Möbel, Porzellan, Silber, Glas, alte Waffen und Münzen. Aber mit verblüffend rasanter Geschwindigkeit haben sich in den letzten 20 Jahren auch Gebiete einen Platz im seriösen Auktions- und Antiquitätenhandel erobert, von denen das vorher keiner geglaubt hätte: so zum Beispiel altes Spielzeug, Puppen (bis hin zur Barbie!), Modellautos, Disney-Figuren und Steiff-Tiere. Aber auch Telefonkarten und Parfumflakons. Der Phantasie sind dabei keine Grenzen gesetzt. Gesammelt wird eigentlich alles - und glücklich, wer die Ferrero-Überraschungseier-Figuren seiner Kinder oder seine alten Comics nicht weggeworfen hat! Denn auch um die hat sich inzwischen ein heißer Sammlermarkt mit teilweise gesalzenen Preisen entwickelt. So kostet das erste deutsche Micky-Maus-Heft von 1951 in gutem Zustand inzwischen etwa 2.000 Mark.
Die nachfolgende alphabetische Übersicht der wichtigsten Sammelgebiete mag Ihnen einen kleinen Eindruck von der schier grenzenlosen Sammelvielfalt vermitteln. Angesichts der skurrilen und kreativen Ideen, auf die Sammler immer wieder kommen (immer mehr zeigt sich: Sammeln kann man eigentlich alles!), kann natürlich keine Gewähr für Vollständigkeit übernommen werden:

Armbanduhren
Afrikanische Kunst
Ansichtskarten
Asiatica
Autographen
Bauernmöbel
Blechspielzeug
Briefmarken
Bücher
Bürotechnik
Comics
Design-Objekte
Emailschilder
Fayence, Steinzeug
Glas, Paperweights, Parfumflakons
Graphik
Gemälde
Haushaltsgeräte

Hummel-Figuren
Ikonen
Jugendstil
Militaria
Modellautos
Orden
Möbel
Modeschmuck
Münzen, Medaillen, Papiergeld
Oldtimer
Plakate
Plastiken, Skulpturen
Porzellan
Puppen
Reklame, Werbefiguren
Radio, Phono
Schmuck
Silber
Spielzeug
Swatch
Technische Antiquitäten
Telefonkarten
Teppiche
Uhren
Waffen, Rüstungen
Zinn, Buntmetalle

Bei genauer Betrachtung werden aber auch bestimmte Kriterien deutlich, die ein Ding zu einem Sammelobjekt werden lassen. Da sind einmal Objekte, denen es gelingt, bestimmte Emotionen zu wecken. Beispielsweise bringt die Nostalgie, die Suche nach der verlorenen Kindheit, viele Menschen zum Sammeln von Puppen, altem Spielzeug, Bilderbüchern und Comics. Bei anderen sind es dagegen bestimmte Vorlieben etwa für Oldtimer oder erotische Postkarten. Darüberhinaus gibt es Sammler mit historischen oder technischen Interessen. Diese sammeln dann etwa alte Landkarten oder „Dampfradios".

Gemeinsam ist allen Sammlern jedoch das Bedürfnis zu ordnen und zu systematisieren. Sammelobjekte und Sammelgebiet sollten daher überschaubar sein, eine gewisse Systematik aufweisen (wie z. B. die ganz wundervoll numerierten deutschen Telefonkarten) sowie gleichförmig und doch mit kleinen, aber signifikanten Unterschieden ausgestattet sein.

Ist das Sammelobjekt dann noch halt- und stapelbar und weckt vielleicht auch noch Sentiments – wie beispielsweise die „echt süßen" Hummel-Figuren –, dann gibt es für potentielle Sammler kein Halten mehr.

VERMEINTLICHE RARITÄTEN ALS BAUERNFÄNGEREI

Trotzdem ist in dem allgemeinen Sammelboom, der scheinbar unsere ganze Nation erfaßt hat, Vorsicht geboten. Wenn Cola-Dosen schon von vornherein in der Werbung als Sammelobjekt angepriesen werden, dann hat das natürlich mit dem eigentlichen Sammeln nichts mehr zu tun. Das sind Kinder- und Bauernfängereien. Ebenso wenn – wie es in letzter Zeit immer häufiger vorkommt – für alle möglichen neuen Produkte mit dem Begriff „limitierte Auflage" geworben und auch noch bewußt verschwiegen wird, wie hoch diese limitierte Auflage eigentlich ist. Mit solchen Methoden soll der Wunsch nach etwas Besonderem, Einzigartigem, nach etwas, das nicht alle Leute besitzen, der bei den meisten Menschen mehr oder weniger stark ausgeprägt ist, wachgekitzelt werden. Dagegen kann sich ein Sammler, der mit Eifer und Umsicht eine geschlossene Sammlung – sagen wir von Brauereikrügen – zusammengetragen hat, beglückwünschen. Nicht nur, daß er sicherlich viel Spaß bei der Suche gehabt hat. Nein, er kann sich auch des Ansehens bei seinen Sammlerkollegen sicher sein. Und wenn er es geschickt angestellt hat, stellt seine Sammlung finanziell einen wesentlich höheren Wert dar als das, was er selbst an Geld hineingesteckt hat. (Den Aufwand an Zeit und Arbeit darf er dabei natürlich nicht so genau nachrechnen!)

Die Sammler-Glücksformel lautet einfach:
Spaß und Kompetenzerwerb gleich Gewinnzuwachs.

GRUNDSÄTZLICHES FÜR DIE EIGENE SAMMLUNG

Wie eine Sammlung beschaffen sein muß, daß sie nicht mehr kostet, als sie eigentlich wert ist und vielleicht trotzdem noch eine Geldanlage darstellt, kann nicht so einfach gesagt werden. Jedes Sammelgebiet unterliegt seinen eigenen Gesetzen und Regeln, Besonderheiten, Chancen und Risiken. Grundlage ist die alte Kaufmannsregel: Der Gewinn liegt im Einkauf. Die Objekte dürfen nicht zu teuer eingekauft werden.

Neben der sachgerechten Aufbewahrung und Pflege Ihrer Sammlung – über die Sie sich in der entsprechenden Fachliteratur informieren können – sollten die einzelnen Stücke für später möglichst gut dokumentiert werden: wann und wo gekauft und für wieviel. Auch der Vorbesitzer, z. B. ein bekannter und renommierter Sammler – etwa der kürzlich verstorbene amerikanische Verleger Malcolm Forbes, der Fabergé-Eier sammelte –, kann wichtig sein und sich wertsteigernd auswirken.

Eine Sammlung sollte auch einen gewissen roten Faden verfolgen. Entweder sammelt man zum Beispiel einen Künstler oder eine Epoche, eine Firma oder ein Motiv. Wertsteigernd wirkt es sich hier aus, wenn Sie in diesem Bereich Raritäten zusammentragen oder ein Gebiet komplett dokumentieren können, z. B. alle Münzen der ehemaligen DDR.

Ungünstig ist es auf alle Fälle, zu spät in ein modisches Sammelgebiet einzusteigen. Denn dann sind die Märkte abgegrast, Glücksfunde selten und die Preise zu hoch.

Auf bestimmten Gebieten ist es besonders notwendig, sich entweder sehr gut auszukennen oder einen vertrauenswürdigen Händler zu haben – am besten beides –, weil es hier von Fälschungen nur so wimmelt. In seinem Antiquitäten-Katalog zum Thema Zinn beschreibt der renommierte Stuttgarter Händler Frieder Aichele die tragikomische Geschichte einer vermeintlich bedeutenden Zinnsammlung, die sich in den 80er Jahren in Württemberg abgespielt hat:

„Ein greiser Fabrikant wurde nach und nach von ‚Kofferraumhändlern' mit einem stattlichen Posten von Zinn eingedeckt. Im Glauben, Besitzer einer wertvollen Sammlung zu sein, beschloß er, als großherziger Mäzen in die Geschichte seiner Heimatstadt einzugehen. Er vermachte das Zinn dem Heimatmuseum unter der Bedingung, es in einem eigens eingerichteten Raum, der seinen Namen tragen sollte, zu zeigen. Die Ausstellung stand, und die Feier zur Übergabe war schon vorbereitet, als der Museumsleiter einem Zinnfachmann Gelegenheit gab, die vermeintlich sensationelle Sammlung zu sehen. Dessen überraschendes Urteil wollte man zunächst kaum glauben, äußerte er doch, ganz sicher zu sein, daß

unter all den Schleif- und Glockenkannen, Breitrandplatten und Schüsseln kein einziges echtes, altes Stück war, sondern daß es sich ausschließlich um moderne Nachahmungen handelte. Die Feier wollte man – auch im Hinblick auf die angegriffene Gesundheit des Gönners – nicht mehr absagen. Und so berichtete die Lokalpresse über das kulturelle Ereignis, nur daß statt von ‚altem' nun von ‚schönem' Zinn die Rede war."
Wir lernen daraus, daß hinter einer guten Sammlung entweder sehr viel Geld und ein kompetenter Händler oder – neben Glück und Geschick – auch viel Mühe und Kenntnisse des Sammlers stehen müssen. Ohne Fachliteratur, Museumsbesuche und Kontakte zu anderen Sammlern geht es nicht.

Es gibt wohl kaum eine bedeutende Sammlung, bei der ein späterer Gewinn von vornherein in spekulativer Absicht angestrebt wurde. Meist hat der Sammler aus reiner Leidenschaft gesammelt. Oft zu einer Zeit, als sich sonst niemand für diese Dinge interessierte, zum Beispiel Lothar Günther Buchheim, der so eine Expressionisten-Sammlung von heute unschätzbarem Wert aufbauen konnte.

Wer sich wie Billy Boy – ein schriller Künstler und Selbstdarsteller aus der ehemaligen Factory von Andy Warhol – schon für die frühen Barbie-Puppen und ihre Outfits interessierte, als die ganze übrige Welt – und vor allem die Kulturszene – diese Puppe mit einem moralischen und ästhetischen Bann belegt hatte, der konnte sich für Pfennigbeträge ein Vermögen, nach heutigen Maßstäben, zusammentragen. Wer vor Jahrzehnten Emailschilder von Abrißhäusern und Scheunen abschraubte, bevor sie im Schuttcontainer landeten, weil ihn ihr graphischer Reiz faszinierte, der kann sich heute doppelt freuen: über seine Sammlung und über das Vermögen, das sie darstellt! Aber immer stand das persönliche Interesse, die Leidenschaft im Vordergrund, weniger der Wunsch nach einer guten Investition oder nach einem Schnäppchen. Schon deshalb nicht, weil damals diese Objekte keinen finanziellen Wert darstellten. Nur darum waren sie billig oder sogar umsonst zu haben.

Auf der anderen Seite soll nicht abgestritten werden, daß es auch immer traditionelle Sammelgebiete gab und gibt, die sich stets einer kontinuierlichen Wertschätzung erfreuen und in die man nicht anders als teuer einsteigen kann, etwa kostbare Roentgen- oder Boulle-Möbel, anerkannte alte Meister usw. Der berühmte Autor und Sammler Lothar Günther Buchheim bemerkte in diesem Zusammenhang einmal sehr treffend: „Ich sammle, weil es mir Spaß macht zu sammeln, was ich will."

WIE ERMITTELT MAN PREIS UND MARKTWERT?

Für Kunst, Antiquitäten und Sammelobjekte gibt es keine festen Preise wie für neue Ware. Der Preis wird grundsätzlich durch das Gesetz von Angebot und Nachfrage bestimmt. Nur ganz selten spielen auch die aktuellen Preise für Edelmetalle – etwa Gold oder Silber – eine Rolle.
Das bedeutet, daß eine Sache nur den Wert hat, den jemand bereit ist, dafür zu bezahlen. Reißen sich plötzlich viele tausend Sammler um frühe Telefonkarten, steigen die Preise ins Unermeßliche, obgleich Telefonkarten an sich nur den Wert der noch nicht abtelefonierten Einheiten haben. Besitzen Sie jedoch einen hübschen Zinnteller, der aus einem relativ edlen Material und auch noch von ehrwürdigem Alter ist, aber niemand interessiert sich im Augenblick dafür, dann hat er eben momentan keinen Marktwert.
Wenn Sie einkaufen oder verkaufen wollen, ist es natürlich wichtig, daß Sie sich eine möglichst genaue Vorstellung vom Marktwert des Objekts machen. Vergessen Sie aber eines nie: **Verkaufen ist nicht das gleiche wie einkaufen!**
Es ist ein Unterschied, ob Sie ein Objekt bei einem Händler erwerben oder ob Sie diesem Händler das Stück zum Weiterverkauf überlassen. Selbst auf einer Auktion behält das Auktionshaus einen gewissen Prozentsatz vom Erlös als Provision. Dagegen wird für den Bieter auf den „Hammerpreis" (Zuschlagpreis) noch eine Provision aufgeschlagen. Doch davon mehr in den beiden folgenden Kapiteln.
Im Grunde ist es das gleiche, wie wenn Sie bei der Bank Ihr Geld für den Auslandsurlaub wechseln: Sie kaufen die Devisen zu einem höheren Be-

trag ein, als Sie beim Zurücktauschen wieder bekommen. Sowohl Banken als auch die Kunsthändler leben von dieser Differenz zwischen Einkauf und Verkauf.
Ist ja im Grunde ganz logisch, und jeder mit etwas kaufmännischem Wissen wird verstehen, daß neben dem angestrebten Umsatz auch Miete, Personal, Nebenkosten, Steuern, Versicherung usw. bestritten werden müssen.

Preiskataloge zur ersten Orientierung

Für viele Sammelgebiete gibt es mehr oder weniger aktuelle und verläßliche Preiskataloge, in denen entweder beispielhaft (z. B. bei Antiquitäten) oder komplett (bei Telefonkarten, Briefmarken und Münzen) Marktpreise genannt werden. Ein berühmtes Beispiel dafür stellt der vielen seit Kindesbeinen an bekannte Michel-Briefmarken-Katalog dar. Hier wird jede Briefmarke jährlich neu mit einem Preis bewertet. Viele Sammler kaufen danach ein und bewerten nach diesen Preisen auch ihre Sammlung.
Wollen sie jedoch aus irgendeinem Grund ihre Sammlung verkaufen, müssen sie erleben, daß ihnen der Händler dafür nur einen Bruchteil des vermeintlichen Wertes zahlen will. Denn Michel-Preise sind Verkaufspreise, keine Einkaufspreise der Händler.
Wer das weiß, kann sich danach richten. Doch soll dieses Beispiel zeigen, daß alle Sammler-, Markt- und Richtpreise angemessen interpretiert werden müssen. Was für Möglichkeiten gibt es nun aber, überhaupt Preise zu erfahren?

Aktuelle Ladenpreise

Zuallererst können Sie natürlich einfach im Kunst- und Antiquitätenhandel die Preise für bestimmte Objekte erfragen. Gerade so, als wollten Sie einen Staubsauger oder eine Stereoanlage kaufen. Machen Sie das in verschiedenen Geschäften für ähnliche Objekte, und lassen Sie sich dabei die Vorzüge der jeweiligen Objekte erläutern. So bekommen Sie von selbst ein

Gespür dafür, ob ein Geschäft billig oder teuer ist. Schauen Sie sich den Laden an. In teurer Lage und teuer gestylt, muß der jeweilige Händler teuer verkaufen. In einfacher Lage und weniger exklusiver Aufmachung kann er hingegen billiger verkaufen. Aber Vorsicht: Es gibt auch „teure" Läden mit vernünftigen Preisen und Trödler mit Phantasiepreisen!

AUKTIONSPREISKATALOGE

Hilfreich ist es auch, sich über Auktionsergebnisse zu informieren. Dazu besorgen Sie sich den jeweiligen Auktionskatalog und nehmen entweder selbst an der Auktion teil oder lassen sich später die sogenannte Ergebnisliste zuschicken, auf der die Zuschläge aufgelistet sind (siehe hierzu auch Seite 43).
Wem das zu aufwendig ist - und für die meisten ist es das -, dem empfehle ich den wirklich lohnenden Kauf eines der jährlich erscheinenden Auktionspreiskataloge (z. B. der preiswerte aus dem Battenberg Verlag oder der etwas elitärere und teure aus dem Weltkunst Verlag). (Siehe Literaturhinweise Seite 123 ff).

SAMMLERLITERATUR MIT MARKTPREISEN

Zu vielen Sammelgebieten gibt es im Buchhandel einführende Literatur oder sogar komplette Kataloge mit aktuellen Marktpreisen. Allerdings können diese Preise - auch weil die Bücher nicht ständig aktualisiert werden können - nur zur generellen Orientierung dienen. Sie dürfen dabei nie vergessen, daß wir es bei Kunst und Antiquitäten meist mit Einzelstücken - Unikaten - zu tun haben. Außerdem weist jedes Objekt einen ganz individuellen Erhaltungszustand auf. Von daher hinkt natürlich der oben gebrachte Vergleich mit dem Einkauf eines Staubsaugers. Die Stücke sind untereinander nur mit Einschränkungen vergleichbar.
Trotzdem kann man sich mit Hilfe von Ladenpreisen, Auktionspreisen und Sammlerliteratur mit Marktpreisen - nicht zu vergessen, das Ge-

spräch mit versierten Fachleuten und Sammlern – ein Gespür für die angemessene Preisbewertung erarbeiten.

WICHTIGE REGEL: FRAGEN SIE UNGENIERT!

Lassen Sie nicht den Kenner heraushängen, wenn Sie es nicht sind. Stellen Sie sich lieber dumm und lassen Sie sich vom weitverbreiteten Elitärgetue nicht bluffen! Fragen Sie nach, wenn Sie einen Begriff oder einen Fachausdruck nicht verstanden haben.

Welchen Preis man dann ganz persönlich als angemessen empfindet, steht natürlich auf einem anderen Blatt. Wollen Sie einen bestimmten Teddybären unbedingt haben, weil er Sie an den verlorenen Liebling Ihrer Kindheit erinnert, dann werden Sie vielleicht auch einen „überhöhten" Preis bezahlen.

Interessieren Sie sich aber nur peripher für ein bestimmtes Objekt, dann ist Ihnen vielleicht auch ein durchaus angemessener Preis viel zu hoch. **Hier muß jeder selbst entscheiden, was ihm wieviel wert ist.** Diese Entscheidung kann Ihnen niemand abnehmen.

PREISENTWICKLUNGEN

Noch mehr als in anderen Branchen werden die Preise bei Kunst und Antiquitäten von Angebot und Nachfrage bestimmt. Interessiert sich niemand für eine Jugendstil-Lampe, handelt es sich scheinbar um wertloses „Graffel". Im anderen Fall ist sie ein Objekt, das Tausende von Mark kosten kann.

Daher spielen wechselnde Moden und der Zeitgeist eine große Rolle bei der Preisentwicklung: Der Jugendstil wurde erst im Laufe der 60er Jahre im Zusammenhang mit der Hippie-Ära „entdeckt". Noch in den Nachkriegsjahren hatte man die Stuckdecken in den Altbauwohnungen abgeschlagen und die „kitschigen Jugendstilmöbel" auf den Sperrmüll geworfen. Danach – im Rahmen der großen Nostalgiewelle in den 70ern – war Jugendstil plötzlich der ultimative Stil. Die Preise für Glasobjekte dieser Stilrichtung, vor allem von Daum und Gallé, stiegen auf sechsstellige Beträge. Heute ist die Leidenschaft für Jugendstil wieder im Abflauen. Wenn, dann schätzt man den Wiener Jugendstil mit seinen strengen Formen. Dafür ist jetzt Art déco der heiße Renner. Wer da noch mithalten möchte, muß sich beeilen!

STILRICHTUNGEN IM TREND DER ZEIT

Genauso das Biedermeier: Es galt als muffig und spießig – eben bieder. Bis es ebenfalls in den 70ern und vor allem in den 80ern entdeckt wurde: Andy Warhol und seine Upperclass-Freunde richteten sich damit ein. So etwas treibt die Preise nach oben. Vor allem stilistisch und handwerklich kunstvolle Stücke (höllisch teuer!) zieren seither exklusive Park-Avenue-Wohnungen in New York.
Auch Ausstellungen können ein latent vorhandenes Interesse zum Boom werden lassen. Münchner Händler berichten beispielsweise, daß dort die Biedermeier-Ausstellung Ende der 80er Jahre zu einer rasant verstärkten Nachfrage nach Biedermeier-Möbeln geführt hatte.
Aber selbst bei Objekten aus dieser begehrten Epoche ist mittlere und untere Ware – hübsch und sehr brauchbar für Sie und mich – noch immer zu durchaus vernünftigen Preisen zu bekommen.
Dies jedoch nur, falls Sie nicht bei Fürstin Gloria von Thurn und Taxis mitsteigern. Im Herbst 1993 veranstaltete Sotheby's im Auftrag der Fürstin eine publicityträchtige Auktion im Schloß derer von Thurn und Taxis in Regensburg. Mit dem Erlös sollte ein Teil der Steuerschulden Fürstin Glorias abgetragen werden. Neben durchaus qualitätvollen Stücken kam auch eine ganze Reihe eher bescheidener Biedermeier-Möbel unter den Hammer. Aufgrund ihrer prominenten Herkunft erzielten diese Stücke meist mehr als das Doppelte ihres üblichen und angemessenen Marktpreises. Die Käufer – meist Privatleute – steigerten wie im Rausch, um ihr müdes Haupt in aristokratisch geweihten Betten zur Ruhe legen zu können. Meist stammten die Stücke jedoch aus alten Dienstbotenkammern und nicht aus dem Boudoir der Fürstin ...

DERZEITIGE ENTWICKLUNG

Ansonsten lassen sich nur schwer generelle Aussagen zur Preisentwicklung machen. Starke Einbrüche werden derzeit im Bereich der erstklassigen Gegenwartskunst verzeichnet. Aber wen kümmert es schon, wenn ein Bild statt fünf nur noch drei Millionen Dollar erzielt?
Grundsätzlich sind die Preiserwartungen – angesichts der allgemeinen Rezessionsstimmung nicht verwunderlich – eher gedämpft. Nur für absolute Spitzenstücke in allen Sparten werden wegen der Museumsnachfrage noch immer gigantische Preise bezahlt. Das liegt ganz einfach daran, daß diese Ware naturgemäß extrem knapp ist. Immer mehr Stücke wandern in staatliche Sammlungen, aus denen sie nach menschlichem Ermessen nie wieder auf den freien Markt gelangen. Museen müssen das bewahren, was sie besitzen. Und nachdem in früheren Zeiten aufgrund momentaner Moden von Museen große Werte verschleudert wurden, ist man hier sehr vorsichtig geworden. Die Depots quellen zwar über, und Geld für Neuankäufe ist auch knapp, aber in der Regel gilt: Verkauft wird nichts.
Relativ günstig – allerdings mit steigender Preistendenz – sind zur Zeit Zinn, Silber und Teppiche. Dafür klettern die Preise rasant auf allen neuen Sammelgebieten, die von vielen noch gar nicht registriert und ernst genommen werden: Barbie-Puppen, Werbe- und Comic-Figuren – überhaupt alte Reklame, Filmplakate, Emailschilder usw.
Generell kann man jedoch sagen: Momentan sind die Zeiten besser für Einkäufer als für Verkäufer. Aber jeder einzelne Bereich unterliegt dabei natürlich seiner eigenen Logik und seinen Marktgesetzen.

WAS IST SAMMELWÜRDIG?

Für den gehobenen Kunst- und Antiquitätenbereich hat der Bundesverband des Deutschen Kunst- und Antiquitätenhandels e. V. für seine Mitgliedsfirmen Kriterien für den Begriff der „Sammelwürdigkeit“ festgelegt. Diese Kriterien beziehen sich vor allem auf neuere Druckgraphiken und

Plastiken, die in mehr oder weniger hohen Auflagen hergestellt werden, wie das folgende Zitat belegt.

„Seit geraumer Zeit wird der Kunstmarkt durch extensiven Gebrauch der Bezeichnung ‚Original' verunsichert. Dieser Begriff wird nicht nur für Unikate verwandt, sondern auch für Serienwerke verschiedener Techniken (Graphik, Bronzegüsse, Keramik etc.) in Massenauflagen.

Die bisherigen Versuche, Einigung über eine wissenschaftlich exakte und zugleich für den Kunsthandel praktikable Definition des ‚Original-Kunstwerks' zu finden, sind erfolglos geblieben. Insbesondere scheint eine Begrenzung der Auflagenhöhe mittels der bisher vorgeschlagenen Definition nicht möglich.

In Anbetracht dessen haben sich die unterzeichneten Verbände des Kunsthandels, der Kunstschaffenden wie des Museumswesens darauf geeinigt, statt dessen zunächst für nach 1950 entstandene Kunstwerke den Begriff der ‚Sammelwürdigkeit' als verbindlich zu akzeptieren.

1. Sammelwürdig sind hiernach nur Kunstwerke, deren numerierte Gesamtauflage bei
a) Graphik 300 (einschließlich Probedrucken),
b) Plastik 25 (einschließlich Gießer-Exemplaren),
c) Keramik 100
Exemplare nicht übersteigt.

2. Posthume Auflagen sind, auch wenn sie vorstehende Auflagenhöhe nicht übersteigen, nur dann sammelwürdig, wenn sie
a) als solche gekennzeichnet und datiert sind sowie
b) nachweisbar in Ausführung, Größe und Auflagenhöhe dem Willen des Künstlers entsprechen.

3. Nicht sammwelwürdig sind, unabhängig von der Höhe der Auflage, Arbeiten aus zweiter Hand und Reproduktionen selbst dann, wenn sie vom Künstler autorisiert und/oder von diesem signiert sind. Dies gilt insbesondere dann, wenn die Arbeiten in anderen Medien ausgeführt sind als in der Original-Vorlage des Künstlers (z. B. Bronze-Nachguß nach einem Original aus Holz, Lithographie nach einem Gemälde etc.)."

Trotzdem ist es vor allem die Erfahrung des Sammlers und Kenners, die ihn vor Fehlkäufen schützt. Und für jemanden, der sich im entsprechenden Gebiet nicht so gut auskennt, ist das Ersteigern natürlich immer mit einem gewissen Risiko behaftet.

SIEBEN TIPS FÜR DEN RICHTIGEN UND GÜNSTIGEN EINKAUF!

TIP 1: KAUFEN SIE NACH IHREM PERSÖNLICHEN INTERESSE UND GEGEN DIE TRENDS!

Da die Preise bei Kunst, Antiquitäten und Sammelobjekten nach dem Prinzip von Angebot und Nachfrage funktionieren, kauft man natürlich dann am günstigsten ein, wenn niemand sonst die Sachen haben will. Man liebt Sie dann geradezu dafür, daß Sie Ihre Mitmenschen vom Ballast des „alten Zeugs“ befreien. Steigen die Preise, werden die gleichen Mitmenschen dann allerdings stöhnen: „Ach ja, hätten wir doch nur damals die Käthe-Kruse-Puppe nicht einfach so weggegeben!“ Dann ist es leider zu spät. Besonders, wenn man die Dinge einfach weggeworfen und damit endgültig der Vernichtung preisgegeben hat.

Gegen den Trend zu kaufen ist allerdings leichter gesagt als getan – sonst täten es ja schließlich alle ... Nur die wenigsten Menschen können in die Zukunft blicken. Und nicht jeder ist ein Individualist, der außerhalb des Zeitgeistes steht: Leider „entdecken“ viele ihre Schwäche für Art déco-Möbel gerade zu dem Zeitpunkt, wenn die Aufmerksamkeit durch Ausstellungen und Berichte in den Medien auf diesen Stil gelenkt wird und jeder ihn „entdeckt“. Dann hat der Trend bei den Insidern meist schon den Höhepunkt erreicht, und „die Beute ist verteilt“. Versuchen Sie also, Ihre Augen offenzuhalten. Achten Sie nicht nur auf das Sanktionierte, Gerahmte und das auf den Sockel Gestellte. Auch das heute Verachtete hat vielleicht seine Zukunft.

Wenn Sie günstig kaufen wollen, sollten Sie also Bereiche und Stilepochen kaufen, die gerade nicht ganz so „in“, d. h. am besten noch gar nicht entdeckte Gebiete sind. Denn wenn eine Mode abflaut, ist der Markt abgegrast. Und kaum jemand, der etwas teuer erstanden hat, gibt es dann so schnell für „’n Appel und’n Ei“ wieder her.
Antizyklisches Verhalten nennt das der Fachmann. Überlegen Sie, was Sie persönlich interessieren oder Ihnen gefallen könnte. Ist Silber teuer, versuchen Sie es mit Zinn. Und sind Objekte aus den Fifties preislich schon jenseits von Gut und Böse; versuchen Sie einmal die Sixties! Kauft alle Welt Märklin-Eisenbahnen, sammeln Sie Gebrüder Bing. Denn nach dem einen Trend kommt der nächste. Das ist so sicher wie das Amen in der Kirche: Hatten die wenigen französischen Porzellankopf-Puppen, die überhaupt noch auf den Markt kamen, preislich schwindelerregende Höhen erreicht, entdeckten die Sammler plötzlich Zelluloid-Puppen. Glücklich, wer seine Schildkröt-Puppe nicht bereits entsorgt hatte ...

TIP 2:
KAUFEN SIE NACH IHREN PERSÖNLICHEN BEDÜRFNISSEN!

Von Insidern und Fachleuten wird immer wieder geraten, daß sich Sammler nur wirklich qualitätvolle Stücke zulegen sollten. Nach dem Motto: Qualität vor Quantität. Das ist sicherlich richtig, vor allem im Zusammenhang mit Kunst. Auch wer Kunst und Antiquitäten unter dem Gesichtspunkt der Geldanlage kauft, sollte diese Regel beherzigen. Hochkarätige und rare Stücke wird man immer leichter losschlagen können als Dutzendware.
Doch gibt es für den Liebhaber von Kunst und vor allem von Antiquitäten noch andere Gründe, sich alte Dinge zuzulegen, z. B. weil er damit leben und die Stücke benützen will. Es kommt darauf an, daß Ihnen das eine bestimmte Stück gefällt und daß es genau den von Ihnen bestimmten Zweck erfüllt.

Wollen Sie sich altes Porzellan zulegen, um es beim gemütlichen Kaffeeklatsch zu benützen, haben Sie wahrscheinlich an einem Meißener Porzellan-Service aus dem 18. Jahrhundert in Museumsqualität wenig Freude. Abgesehen von dem für die meisten Leute unerschwinglichen Preis, kommt beim Gebrauch solcher Raritäten in gemütlicher Runde leicht eine gewisse hysterische Unruhe auf. Ähnlich bei unbezahlbar teuren Weingläsern, die man dann am liebsten am Tisch festschrauben möchte, damit sie nicht bei ausgelassener Stimmung einer unachtsamen Bewegung zum Opfer fallen. Auch sollte man auf wirklich wertvollen alten Teppichen nicht herumtrampeln, geschweige denn die schwere Polstergarnitur umherschieben. Es geht dabei ja nicht nur um die unwiederbringliche Vernichtung materieller, sondern auch um den Verlust kulturhistorischer Werte.

Wertvolle Kunstwerke, hochkarätige Antiquitäten sind eine wunderbare Sache. Jeder, der sie zu schätzen weiß und sie sich leisten kann, sollte sich mit ihnen umgeben. Wer aber nicht unbegrenzte Mittel zur Verfügung hat und die Dinge ohne ständige Habachtstellung benützen will, ist mit schlichteren Stücken – seien es Möbel, Glas, Porzellan oder Teppiche – oft besser beraten. Außerdem haben Sie bei solchen Stücken häufig den Vorteil, daß sie günstiger sind als entsprechende neue.

TIP 3:
ACHTEN SIE AUF EIN ANGEMESSENES PREIS-LEISTUNGS-VERHÄLTNIS!

Wenn Sie „Massenware" – ein Begriff, der in diesem Zusammenhang natürlich nur als ein relativer zu verstehen ist! – kaufen, sollten Sie nicht zuviel bezahlen. Allein die Tatsache, daß ein Stück alt ist, rechtfertigt noch keinen hohen Preis. Informieren Sie sich vorher, damit man Ihnen für ein Gründerzeitmöbel nicht den einer Barock-Kommode angemessenen Geldbetrag abknöpft. Hier werden Ahnungslose von unseriösen Händlern übers Ohr gehauen, weil viele, die sich nie in ein richtiges Antiquitätengeschäft trauen, meinen, dort sei alles Alte sehr, sehr teuer. Es gilt aber: Manches ist teuer, vieles ist billig.

Hier helfen nur Preisvergleiche, das Studium einschlägiger Kataloge und Auktionspreisbücher. Gerade bei Gebrauchtmöbelhändlern, bei Trödlern und auf Flohmärkten werden häufig völlig überhöhte Phantasiepreise für mehr als bescheidene Objekte verlangt. Da hier echte Antiquitäten sowieso selten zu finden sind und extra für diesen Zweck produzierte Basarware dominiert, wird aus jedem alten Büroschreibtisch gleich ein Museumsstück!
Wird das gleiche Objekt in einem guten Auktionshaus angeboten - zwischen wirklich qualitätvollen Antiquitäten -, relativiert sich sogleich der Preis. Kann man eine hübsche Barock-Kommode für 7.000 Mark ersteigern, dann erscheinen 1.000 Mark für einen Tannenholzschreibtisch vom Ende des 19. Jahrhunderts schon teuer genug.
Mit dem angemessenen Preis-Leistungs-Verhältnis hängt auch der nächste Tip zusammen.

TIP 4: ACHTEN SIE AUF DEN ERHALTUNGSZUSTAND DER WARE!

Angesichts der Fülle unterschiedlicher Objekte kann in diesem Rahmen natürlich nicht auf jeden einzelnen Bereich eingegangen werden. Sie sollten sich einfach grundsätzlich fragen, ob der jeweilige Preis dem Erhaltungszustand entspricht. Bei einem Sofa, dessen Bezug verschlissen ist und dessen „Innereien" fast schon auf dem Boden liegen, kommen relativ hohe Kosten für die Restaurierung auf Sie zu. Wir alle kennen die Höhe von Handwerkerlöhnen. Und hier handelt es sich um Handarbeit. Dies sollten Sie immer bedenken.
Bei vielen Sammelobjekten reduziert sich der Preis bei beschädigtem, ja teilweise bereits bei gebrauchtem oder nur ausgepacktem Zustand auf einen Bruchteil vom Neuwert. Telefonkarten sind beispielsweise in gebrauchtem - also abtelefoniertem - Zustand meist weniger als die Hälfte als in ungebrauchtem (postfrischem) wert; auch selbst dann, wenn man ihnen diese „Entjungferung" gar nicht ansieht und nur mit

Hilfe eines Prüfgerätes feststellen kann. Ähnlich bei Barbie-Puppen, die in „bespieltem Zustand" oft nur noch zehn Prozent ihres Sammlerwerts, verglichen mit dem entsprechenden Stück in Originalverpackung, aufweisen.
Im seriösen Auktions- und Antiquitätenhandel geht man diesbezüglich ein relativ geringes Risiko ein. Aber bei Käufen auf Trödel- und Flohmärkten ist Wachsamkeit geboten.

Tip 5: Besorgen Sie sich alle verfügbaren Informationen über Ihr Sammelgebiet oder ein teures Wunschobjekt!

Je besser Sie sich auskennen, um so eher vermeiden Sie teure Fehlkäufe oder können Sie ein Schnäppchen machen. Information ist alles: Literatur, Fachzeitschriften und Museumsbesuche.

Tip 6: Suchen Sie den Kontakt zu Gleichgesinnten!

Wollen Sie in einen Bereich intensiver einsteigen, lohnt es sich immer, sich mit Gleichgesinnten zusammenzutun. Hier erhalten Sie die entscheidenden Tips. Adressen und Hinweise finden Sie in der einschlägigen Sammlerliteratur und den Sammlerzeitschriften.

Tip 7: Vertrauen Sie Ihrem Gefühl!

Angesichts der zahlreichen Tips, die zu kühlem Kopf und rationaler Überlegung raten, mag dieser Rat vielleicht merkwürdig klingen. Gemeint ist damit jedoch: Seien Sie zurückhaltend, wenn Sie unsicher sind, wenn Ihnen das entsprechende Stück „irgendwie komisch" vorkommt. Vor allem, wer sich in einem Bereich ein wenig auskennt, ent-

wickelt bald ein intuitives Gefühl dafür, ob mit einem Objekt alles in Ordnung ist oder nicht, ob daran manipuliert wurde oder ob es gar gefälscht ist. Fachleute besitzen dieses intuitive Gespür, häufig ohne daß sie es erklären oder begründen könnten. Lassen Sie dieses Gefühl zu, nehmen Sie es ernst, und überschlafen Sie die Sache. Nichts überstürzen! Keine Hektik! Auch morgen ist noch ein Tag!
Wenn Sie Ihrer Sache jedoch sicher sind, die Stunde günstig ist und Zweifel kaum angebracht sind, dann greifen Sie beherzt zu!

7 TIPS FÜR DEN RICHTIGEN UND GÜNSTIGEN EINKAUF AUF EINEN BLICK

1. Kaufen Sie nach Ihrem persönlichen Interesse und gegen die Trends!
2. Kaufen Sie nach Ihren persönlichen Bedürfnissen!
3. Achten Sie auf ein angemessenes Preis-Leistungs-Verhältnis!
4. Achten Sie auf den Erhaltungszustand der Ware!
5. Besorgen Sie sich alle verfügbaren Informationen über Ihr Sammelgebiet oder ein teures Wunschobjekt!
6. Suchen Sie den Kontakt zu Gleichgesinnten!
7. Vertrauen Sie Ihrem Gefühl!

Kapitel II - Auktionshäuser

Wie funktioniert eine Versteigerung?

Wer sich auskennt, kann bei Auktionen günstig einkaufen. Die Betonung liegt allerdings auf „kann“. Denn wer hier die Regeln nicht beachtet, der kann sich auch ganz schön vergaloppieren!
Der Besuch einer Auktion ist eine spannende Angelegenheit, vergleichbar mit einem Besuch im Spielcasino oder auf der Rennbahn. Denn hier wie dort geht es um viel Geld, und Leidenschaften sind im Spiel. Häufig herrscht eine wie elektrisch aufgeladene Stimmung, die Emotionen gehen hoch. Und selbst ein distinguierter Herr im edlen Zwirn verliert dann die Nerven und wird unter Umständen einer Mitbieterin gegenüber ausfällig. Immerhin geht es häufig um den geradezu existentiellen Wunsch, ein bestimmtes Objekt zu besitzen - und oft um viel Geld, sehr viel Geld.
Es ist äußerst interessant, einfach nur dabeizusein, wenn ein mit Spannung erwartetes Objekt aufgerufen wird und plötzlich der ganze Saal in gespannte Erwartung versetzt wird. Wenn die Gebote in rasender Eile schwindelerregende Höhen erreichen, bis am Schluß nur noch zwei Bieter einen Zweikampf austragen, bei dem es entweder um heftige Wünsche, Berufsehre oder um das große Geld - häufig genug um alles drei! - geht. Das allein ist schon den Besuch einer Auktion wert.
Oder wenn ein sehr niedrig bewertetes und als unbedeutend erachtetes Stück plötzlich auf unerklärliches Interesse stößt, immer höher gesteigert wird, bis plötzlich beim 50- oder 100fachen seines ursprünglich geschätzten Wertes zugeschlagen wird. Dann brodelt die Stimmung. Und die Außenseiter fragen sich, was es mit diesem geheimnisvollen Objekt wohl auf sich hat. Da herrscht dann eine Stimmung, wie wenn Deutschland im Endspiel der Fußball-Weltmeisterschaft oder Boris Becker im Finale von Wimbledon spielt.

SIEBEN REGELN FÜR IHREN AUKTIONSBESUCH

Aber gerade diese etwas undurchsichtige und häufig sehr aufregende Stimmung verursacht bei vielen Leuten Schwellenangst. Sie trauen sich nicht recht, an einer Versteigerung teilzunehmen, und denken: „Da werden ja doch nur Millionenobjekte versteigert, das kann sich unsereins ja gar nicht leisten." Oder: „Ich weiß gar nicht, wie man sich da verhält. Da schauen mich sicher alle komisch an und denken, was will die – oder der – denn hier." Oder noch schlimmer: „Da kratze ich mich gedankenverloren an der Nase oder winke nur kurz mal zu Rudi rüber, und schon habe ich einen Picasso für 100 Millionen ersteigert – nee, da gehe ich lieber nicht hin, das ist mir viel zu gefährlich!"
Dabei ist der Besuch einer Auktion oder die Teilnahme daran (was ja noch zweierlei Paar Stiefel sind) im Grunde eine höchst unkomplizierte und unverbindliche Angelegenheit – wenn man ein paar einfache Grundregeln kennt.

Regel 1: Informieren Sie sich, wann und wo eine Auktion stattfindet und was dort angeboten wird!

Hinweise auf Auktionstermine finden Sie in der lokalen Presse oder – noch besser und frühzeitiger – in den einschlägigen Zeitschriften wie *Weltkunst, Kunst & Antiquitäten, Sammler-Journal und Trödler.*
Bringen Sie in Erfahrung, was auf der Auktion angeboten wird: Es macht keinen Sinn, zu einer Vorbesichtigung zu gehen, weil man sich für alte Märklin-Eisenbahnen interessiert – und dann werden dort antike Teppiche angeboten. Während Christie's in London vielleicht alte Meister in Millionenhöhe offeriert, können Sie bei der lokalen Versteigerung der Bundesbahn eher einen Regenschirm zu fünf Mark oder ein Fahrrad zu 20 Mark ersteigern. Denn versteigert wird fast alles: vom Millionen-Kunstwerk über bankrotte Fabriken bis zur vergessenen Pudelmütze.
Wir interessieren uns hier jedoch für Auktionen und Auktionshäuser, die Kunstwerke, Antiquitäten und Sammelobjekte versteigern: angefangen

von der antiken Plastik bis hin zu altem Spielzeug und Telefonkarten. Zahlreiche Auktionshäuser haben sich einen Namen für bestimmte Sachgebiete gemacht wie etwa für alte Bücher, Uhren, alte Meister oder Spielzeug. Das heißt jedoch nicht, daß sie immer nur genau diese Bereiche zur Versteigerung bringen. Es gibt mehrere Möglichkeiten herauszufinden, was angeboten wird:

Die meisten größeren Auktionen werden in den einschlägigen Zeitschriften in Form einer Anzeige angekündigt. Hierbei wird das Spektrum des Angebotes beschrieben und auf etwaige Spitzenstücke hingewiesen. Außerdem listen diese Zeitschriften in einem systematisch nach Orten oder Postleitzahlen geordneten Veranstaltungsplan alle stattfindenden Auktionen auf.

Meist werden beim Auktionsangebot drei Hauptbereiche unterschieden: Zum Bereich „Kunst" zählen Malerei, Graphik und Skulptur, zu den „Antiquitäten" hauptsächlich Möbel, Porzellan, Glas, Silber, Zinn, Uhren und Teppiche, und zum Bereich „Varia" gehören Puppen und Spielzeug, Volkskunst, technische Antiquitäten usw. Dabei sind die Grenzen zwischen „Antiquitäten" und „Varia" fließend.

Jetzt haben Sie zwei Möglichkeiten: Entweder Sie lassen sich einen Katalog schicken. Hierbei kann es sich je nach Art des Auktionshauses und der angebotenen Objekte sowohl um eine fotokopierte Liste als auch um ein aufwendig bebildertes Buch handeln. Daher können die Preise für einen Katalog von wenigen Mark bis zu etwa 40 Mark reichen.

Ist der Besuch der anvisierten Auktion mit einer längeren Fahrt und größerem Aufwand verbunden, sollten Sie sich auf alle Fälle vorher den Katalog zuschicken lassen. Nur so können Sie herausfinden, ob das Angebot überhaupt für Sie interessant ist. Findet die Auktion jedoch ganz in Ihrer Nähe statt, können Sie auch ohne Katalog zur sogenannten Vorbesichtigung gehen. Vor Ort haben Sie die Möglichkeit, alles in Ruhe genauestens zu begutachten, die anwesenden Mitarbeiter des Auktionshauses zu befragen und sich einen Katalog auszuleihen oder zu kaufen.

Studieren Sie den Auktionskatalog gründlich. Und machen Sie sich mit den verwendeten Fachbegriffen der einzelnen Gebiete vertraut. Dort zitierte Literaturangaben verweisen auf Standardwerke, Verzeichnisse und Bibliographien, deren Studium – in einer öffentlichen Bibliothek zum Beispiel – Ihre Kenntnisse vertiefen hilft.

Regel 2: Besuchen Sie die Vorbesichtigung!

Vor jeder Versteigerung muß eine Vorbesichtigung stattfinden. Dies ist gesetzlich vorgeschrieben. Während dieser Vorbesichtigung können die Interessenten die Objekte gründlich betrachten, prüfen und in die Hand nehmen sowie Fragen an die Mitarbeiter und Experten des Auktionshauses stellen.
Je nach Art der Auktion kann diese Vorbesichtigung nur wenige Stunden, einen Tag oder aber bis zu zwei Wochen oder länger dauern. In den meisten Fällen beträgt sie jedoch drei bis sieben Tage. Häufig kann auch samstags und sogar sonntags vorbesichtigt werden, damit sich auch Berufstätige in Ruhe umschauen können. Am Tag der Auktion findet meistens keine Vorbesichtigung mehr statt, da dann bereits die Objekte für den Auktionsverlauf bereitgestellt werden.
Diese Vorbesichtigung ist nicht nur für den potentiellen Käufer eine wichtige und informative Sache. Auch wenn Sie sich nur ganz allgemein für Kunst und Antiquitäten interessieren, macht so eine Vorbesichtigung viel Spaß und ist oft fast interessanter als ein Museumsbesuch: Sie können sich in aller Seelenruhe umtun, sich – vorsichtig natürlich! – auf das wunderschöne Biedermeier-Sofa setzen, die Schublade einer ganz reizenden Rokoko-Kommode aufziehen (wenn sie klemmt, dann lieber jemanden vom Auktionshaus darum bitten, dieser Wunsch wird gern erfüllt!) und einen echten Spitzweg auch mal von der Rückseite betrachten! Vor allem sehen Sie kaum sonst irgendwo eine derartige Vielfalt unterschiedlicher Objekte: teure und billige, künstlerisch wertvolle und ramschige, hervorragend erhaltene und stark restaurierungsbedürftige. Sie haben die Möglichkeit, die Stücke ganz hautnah zu erleben. Etwas, das Ihnen ein Museum verständlicherweise verwehren muß.

Außerdem können Sie natürlich ein Stück, das Sie fasziniert, ersteigern. Denn die sogenannten Limitpreise - das sind die Mindestbeträge, unter denen das jeweilige Stück auf Wunsch des Einlieferers nicht versteigert werden darf - liegen häufig erstaunlich niedrig. Und wenn niemand außer Ihnen das Stück haben will, bekommen Sie es zum Limitpreis. Sie sehen also, eine Vorbesichtigung ist schon für sich allein gesehen eine lohnende Angelegenheit. Und für den, der sich in einem bestimmten Bereich ein bißchen auskennt, besteht immer die Möglichkeit, ein Schnäppchen - oder eine Occasion, wie die Insider sagen - zu erwerben. Gesetzt den Fall, Sie haben sich bei der Vorbesichtigung umgeschaut, dann gibt es nun zwei Möglichkeiten. Erstens: Ihnen genügt das. Entweder weil Sie sowieso nichts erwerben wollten oder weil Sie nichts Passendes gefunden haben. Zweitens: Sie haben genau die perfekte Teekanne aus englischem Silber gesehen, von der Sie schon immer geträumt haben. Dann beachten Sie bitte Regel 3.

Regel 3: Studieren Sie den Auktionskatalog, und begutachten Sie kritisch den Gegenstand!

Bewahren Sie ruhig Blut und lesen Sie auf jeden Fall die Angaben im Katalog genau durch. Achten Sie auf die Datierung des Stückes. Wenn es beispielsweise heißt „Rokokostil", dann stammt dieses Stück nicht aus der Zeit des Rokoko - also dem 18. Jahrhundert -, sondern ist später, also im 19. oder gar 20. Jahrhundert, „im Stil des Rokoko" gefertigt worden. Achten Sie auch auf die Beschreibung des Materials. (In unserem Fall: Ist die Kanne massiv Silber? Wenn ja, dann in welcher Legierung? Oder ist sie vielleicht nur versilbert, auch als „Plated" bezeichnet?) Als nächstes prüfen Sie den Erhaltungszustand: Ist die Kanne stark restauriert oder defekt, leckt sie vielleicht gar? Das erstere mindert den Wert, das zweite zusätzlich die Gebrauchstüchtigkeit. Zur Untersuchung lassen Sie sich das Stück ruhig in die Hand geben, und schauen Sie in die Kanne und auf den Boden. Und wer sich auskennt, kann vielleicht den Silberstempel deuten, der den meisten Silberobjekten eingeprägt wurde. **Ganz wichtig:** Jedes Auktionshaus versichert zwar, die Angaben im Ka-

talog nach bestem Wissen und Gewissen gemacht zu haben. Gleichzeitig wird *keinerlei Garantie* für die gemachten Angaben übernommen. Darin unterscheidet sich der Kauf bei einer Auktion von dem beim Kunst- und Antiquitätenhändler. Letzterer muß für das, was er verkauft, geradestehen. Ein Auktionshaus muß das nicht. Und selbst wenn es wollte, könnte es nicht jedem der häufig mehreren tausend Stücke, die vor einer Auktion eingeliefert und katalogisiert werden, die nötige Aufmerksamkeit und wissenschaftliche Akribie widmen.
Für den Käufer bedeutet das, daß er von einem seriösen Auktionshaus zwar erwarten kann, daß die Angaben im Katalog stimmen, den neuesten wissenschaftlichen Erkenntnissen entsprechen und wertmindernde Eigenschaften - wie Restaurierungen, ersetzte Teile, mangelnde Funktionstüchtigkeit, Zweifel an der Zuschreibung - im Katalog aufgeführt werden. Aber für den Käufer leiten sich aus diesen Angaben keinerlei Ansprüche ab, auch wenn sich seriöse Auktionshäuser in Fällen, wo sie sich kraß geirrt haben, durchaus kulant zeigen. Verpflichtet sind sie dazu nicht! Das ist das Risiko, das jeder Auktionskäufer - dem man eine gewisse Fachkompetenz unterstellt - auf sich nehmen muß, damit er aber andererseits unter Umständen für wenig Geld „unerkannte Schätze" erwerben kann. Schätze, von deren Wert weder das Auktionshaus noch die anderen Bieter wußten.

Regel 4: Überlegen Sie sich vorher genau, wie hoch Sie bieten wollen - und halten Sie sich daran!

Bevor die Auktion beginnt, sollten Sie festlegen, welchen Preis Sie bereit sind, für das begehrte Objekt zu bezahlen. Zur Orientierung ist in den meisten Auktionskatalogen ein sogenannter Richtpreis angegeben, der den ungefähren Schätzwert des Objektes wiedergibt. In manchen Katalogen wird statt dessen der Limitpreis genannt. Dies ist der unterste Preis, unter dem das Stück nicht versteigert werden darf. Denn liefert jemand beispielsweise eine kostbare afrikanische Maske zur Auktion ein, möchte er nicht, daß das Stück für ein paar Mark weggeht, nur weil sich ausgerechnet auf dieser Auktion außer einem Bieter niemand da-

für interessierte. Wir kommen aber im Zusammenhang mit dem „Verkaufen auf einer Auktion" noch auf das Thema zu sprechen (siehe Seite 51ff).
Auf alle Fälle sollte sich der Interessent über den generellen Wert des Objektes informieren. Wie er das tun kann, wurde ja bereits erläutert (siehe Seite 24 ff). Und immer sollte er sich sein persönliches Preislimit setzen.
Ganz wichtig: Auf alle Auktionspreise – die sogenannten Zuschlagpreise oder Hammerpreise – wird sowohl die Provision des Auktionshauses, das sogenannte Aufgeld (meist 12 bis 20 Prozent), sowie die Mehrwertsteuer (bei Kunst 7 Prozent, bei Antiquitäten und Sammelobjekten 15 Prozent) aufgeschlagen (bei einigen Auktionshäusern wird die Mehrwertsteuer nur auf das Aufgeld summiert). Ersteigern Sie also ein Objekt für 3.000 DM, müssen Sie im Endeffekt ungefähr 4.000 Mark bezahlen. Berücksichtigen Sie das unbedingt, wenn Sie Ihre „persönliche Schmerzgrenze" festlegen!
Überlegen Sie sorgfältig, wie wichtig Ihnen der Besitz des begehrten Stückes ist. Und unterschätzen Sie bitte niemals die Eigendynamik einer Auktion, die einen beim Bieten jegliche Hemmung verlieren lassen kann! Nicht das unbeabsichtigte Berühren des Ohrläppchens, sondern der Jagdinstinkt und das Konkurrenzverhalten, sich nicht überbieten zu lassen, sind die möglichen Gefahren auf einer Auktion.
Dagegen hilft am besten ein Zettel, auf dem die Nummer und der zuvor reiflich überlegte Höchstbetrag notiert sind – und vielleicht ein Partner, der einen außer Kontrolle geratenen Bieter rechtzeitig zu Besinnung und Vernunft bringen kann.

Aus der Geschichte von Christie's in London

Erst im Frühsommer 1993 passierte bei Christie's in London folgende, geradezu phantastische Geschichte: Zur Auktion gelangte eine historische Rechenmaschine bedeutender Herkunft. Taxiert war sie auf umgerechnet ca. 38.000 Mark. Der Zuschlag erfolgte dann allerdings bei umgerechnet etwa 18 Millionen Mark! Diese Summe, die höchste, die jemals auch nur annähernd für ein derartiges Objekt bezahlt worden war, machte in der gesamten Fachpresse – und nicht nur da (siehe beispielsweise *Spiegel* 26/1993, S. 183) – Furore und wurde als neuer Meilenstein in der Auktionsgeschichte bejubelt. Doch bereits wenige Wochen später kam die Ernüchterung. Keiner der Bieter konnte oder wollte bezahlen. Was war passiert?

Die Lösung des Rätsels: Zwei Bieter hatten sich wie in einem Taumel in immer höhere Preisregionen hochgetrieben. Derjenige, der beim telefonischen Bieten den Zuschlag erhielt, war ein Schweizer Händler, der im Auftrag eines amerikanischen Kunden gesteigert hatte. Der andere – ein deutscher Mathematiker – war für ein geplantes Mathematikmuseum in Bonn mit dem Kauf beauftragt worden. Jetzt kamen zwei fatale Dinge zusammen: Der Schweizer Händler hatte wohl von seinem Kunden den Auftrag bekommen, das begehrte Objekte „auf jeden Fall" zu ersteigern. Nur hatte dieser Kunde natürlich nicht in seinen kühnsten Träumen damit gerechnet, daß der Preis dermaßen hoch gehen würde. Er weigerte sich zu bezahlen.

Tritt ein solcher Fall ein, einigt man sich meist darauf, daß der nächste Bieter, also der im Bietgefecht Unterlegene, den Zuschlag erhält. Nur konnte und wollte die Kulturstiftung der Länder und des Landes Nordrhein-Westfalen auch nicht bezahlen. Der Angestellte hatte nämlich ein durchaus üppig bemessenes Limit bekommen, innerhalb dessen er das Objekt ersteigern sollte, etwa eine halbe Million Mark. Aus unerklärlichen Gründen aber verlor er völlig den Kopf und steigerte immer weiter, obwohl er wissen mußte, daß das Museum diese Summen niemals bezahlen konnte. Ein ansonsten vernünftiger Mensch, ein Techniker und Wissenschaftler, drehte im Taumel der Auktion einfach durch.

Für das Auktionshaus war diese Geschichte natürlich unangenehm und peinlich. Die Chance, das Geld gewaltsam einzutreiben, bestand hier kaum. Der Schweizer Händler – angesehen und ein langjähriger guter Kunde – war zum Zeitpunkt der Auktion schon schwer krank gewesen, hatte offensichtlich unter Medikamenten gestanden und war in der Zwischenzeit verstorben. Man einigte sich dann irgendwie intern und einvernehmlich. Weiter wurde nichts mehr öffentlich bekannt.

Regel 5: Sie haben drei verschiedene Möglichkeiten, bei der Auktion mitzubieten: persönlich, telefonisch und schriftlich!

Am spannendsten und interessantesten ist das persönliche Bieten vor Ort. Nur so bekommen Sie die ganze aufregende Auktionsatmosphäre mit. Viele Auktionatoren sind talentierte und versierte Animateure, die es verstehen, ihre Stücke den Bietern schmackhaft zu machen. Oft kommt geradezu Volksfeststimmung auf!

Und bei Stücken, um die sich mehrere Bieter reißen, schwankt die Stimmung zwischen atemloser Stille und aufgepeitschter Unruhe. Wenn die Gebote dann in schwindelerregende Höhen steigen, entsteht eine oft nervenzerfetzende Spannung, wer aus dem Bieterduell denn nun als Sieger hervorgeht.

Da sich Versteigerungen häufig über mehrere Tage hinziehen, informieren Sie sich besser, wann ungefähr Ihr „Objekt der Begierde" aufgerufen wird. Kommen Sie aber sicherheitshalber etwas früher. Denn wenn das Interesse an gewissen Stücken oder Bereichen nicht sehr groß ist, hakt der Auktionator unter Umständen in wenigen Minuten Dutzende von Nummern ab.

Im Auktionshaus – beim Empfang – füllen Sie ein Formular mit Ihrem Namen und Ihrer Adresse aus. Sie erhalten dann eine sogenannte Bieternummer. Das ist ein etwa DIN-A5 großer Zettel mit einer auch auf Entfernung gut zu lesenden, meist dreistelligen Zahl. Diese Nummer halten Sie dann im Auktionssaal hoch, wenn Sie bei einem Stück mitbieten wollen. So braucht sich der Auktionator nur Ihre Nummer zu notieren. Eine sinnvolle Einrichtung, um im Eifer des Gefechtes Irrtümer zu vermeiden.

Das persönliche Mitbieten

Wenn die Auktionsnummer – das sogenannte Los oder Lot – des Sie interessierenden Objektes aufgerufen wird, heißt es aufgepaßt! Der Auktionator beginnt beim sogenannten Limitpreis, außer, es liegen bereits mindestens zwei höhere schriftliche Gebote vor. Danach wird in meist zehnprozentigen Schritten gesteigert, also beispielsweise von 100 auf

110 Mark. Dieses Hochsteigern geht oft blitzschnell, denn der Auktionator muß pro Stunde mehrere hundert Objekte „durchziehen". Als Auktionsneuling muß man sich erst daran gewöhnen. Am besten, Sie beobachten die Prozedur vorher bei einigen Losnummern!

Findet sich dann bei einem Gebot niemand, der höher steigert, wird dieses Objekt dem Interessenten nach dreimaligem Aufruf – „zum ersten, zum zweiten und zum dritten" (letzteres unterstützt von einem Schlag mit dem Auktionshämmerchen; daher heißt der Zuschlagpreis auch Hammerpreis) – im wahrsten Sinne des Wortes „zugeschlagen". Der Beisitzer des Auktionators notiert sich die Nummer des Höchstbietenden, und schon geht es weiter. Übrigens notiert er sich auch die Nummer des Zweithöchsten – des „Verlierers". Falls der Höchstbietende aus irgendeinem Grund als Käufer ausfällt, erhält der nächste das Objekt.

Dieses dreimalige Bieten ist üblich und außerdem vorgeschrieben. Es soll etwaigen Interessenten genug Zeit geben, ein vielleicht noch höheres Gebot abzugeben. **Ganz wichtig:** Sollten Sie vielleicht den Finger zu lange oben gehalten haben und das Stück zum nächsthöheren Preis gar nicht ersteigern wollen oder falls man Ihr Zupfen am Ohrläppchen für ein Gebot gehalten hat, so können Sie sich noch vor dem Hammerschlag wehren, die Sache leicht richtigstellen und „aussteigen". Also keine Bange vor einem ungewollten Millionen-Picasso!

In vielen Häusern werden die Rechnungen noch während der Auktion geschrieben. Daher können Sie Ihr ersteigertes Objekt – gegen Barzahlung (auch Euroscheck und bei höheren Beträgen bankbestätigter Scheck) – häufig gleich mitnehmen. Ansonsten muß meist im Lauf einer Woche für Bezahlung und Abholung gesorgt werden, da sonst Lagergebühren anfallen. Die Auktionshäuser brauchen den Platz für die Anlieferung neuer Auktionsware. Sollte es sich um ein sperriges Stück – etwa ein Möbel – handeln, vermittelt jedes Auktionshaus gerne eine Spedition, die den Transport übernimmt.

Beachten Sie auch: In den meisten Versteigerungsbedingungen steht, daß die Haftung für das Objekt mit dem Zuschlag an den Bieter über-

geht. Auch von daher ist es in Ihrem Sinn, Ihr „teures Stück" möglichst bald in Gewahrsam zu nehmen.
Grundsätzlich sind sämtliche Konditionen eines Auktionshauses in seinen Geschäftsbedingungen schriftlich niedergelegt. Diese sind meist am Anfang des Auktionskataloges – klein und ziemlich mühsam zu lesen – abgedruckt und hängen in den Geschäftsräumen aus.

Das telefonische Mitbieten

Das telefonische Bieten funktioniert im Prinzip so wie das Bieten vor Ort. Nur, daß der Bieter nicht persönlich im Auktionssaal sitzt, sondern mit einem Assistenten des Auktionators telefonisch verbunden ist und dieser per Handzeichen nach den Wünschen des Telefonbieters mitsteigert. Vor allem für das Auktionshaus ist diese Art des Bietens mit einem gewissen organisatorischen Aufwand verbunden (rechtzeitig eine Leitung freihalten, den Bieter auch wirklich antreffen usw.), so daß einige Auktionshäuser dieses Angebot auf teure Objekte und gute Kunden beschränken.
Grundsätzlich muß der Interessent zuvor einen Auftrag an das Auktionshaus schicken oder faxen, auf dem er das gewünschte Objekt angibt sowie die Telefonnummer, unter der er erreichbar ist. Eine Garantie für das Zustandekommen des telefonischen Bietens lehnen die Auktionshäuser allerdings meist ab.
Diese Form des Bietens ist eher etwas für Profis oder für Leute, die ein bestimmtes Stück um jeden Preis erwerben wollen und bei der Auktion nicht anwesend sein können.

Das schriftliche Mitbieten

Es wird die noch Uneingeweihten vielleicht erstaunen, aber das schriftliche Bieten ist wohl die häufigste Form der Teilnahme an einer Auktion. Dafür gibt es gute Gründe.
Vielen Leuten ist es nicht möglich, tagsüber und unter der Woche an einer Auktion persönlich teilzunehmen. Außerdem finden nicht alle Auktionen, die einen interessieren, in unmittelbarer Nähe statt. Und selbst

wenn man sich freimachen kann, so ist doch niemand in der Lage, genau zu sagen, wann die entsprechende Nummer zum Aufruf kommt. Deshalb sitzt man häufig ziemlich lang herum. Wer natürlich „Auktionsluft" schnuppern möchte oder überhaupt erst mal rauskriegen möchte, wie das alles funktioniert, für den ist das völlig okay!
Ein weiterer und sicher nicht ganz zu vernachlässigender Aspekt ist die Möglichkeit, sich beim schriftlichen Bieten zu Hause in aller Ruhe die Summe zu überlegen, die man anzulesen bereit ist. Nie sollte man den „Bietertaumel" auf der Auktion unterschätzen, in dem man dann vielleicht weit über seine Vorsätze und finanziellen Möglichkeiten hinaus bietet.
Wie stelle ich es aber an, daß ich das Objekt beim schriftlichen Bieten zu wirklich fairen Bedingungen bekomme?
Voraussetzung, um als schriftlicher Bieter nicht über den Tisch gezogen zu werden, ist ein seriöses Auktionshaus, das schriftliche Gebote korrekt behandelt. Diese schickt man per Post oder Fax an das Auktionshaus. Das schriftliche Gebot sollte dort mindestens einen Tag vor Beginn der Auktion eintreffen.
Der Witz – und die Gefahr – beim schriftlichen Bieten liegt darin, daß man eine maximale Höchstsumme angibt. Man tut dem Auktionshaus kund, daß man bereit ist, bis zu einer bestimmten Summe mitzusteigern. Machen wir uns das an einem Beispiel klar:
Im Auktionskatalog ist ein Biedermeier-Sofa mit einem Schätzpreis von 3.500 Mark angegeben. Sie haben sich dieses hübsche Sofa gründlich angeschaut und sind begeistert. Es hat zwar etwas ungewöhnliche Maße, würde aber gerade deswegen in ihrem Wohnzimmer genau zwischen das Bücherregal und die Stereoanlage passen. Außerdem hat der Bezug ausgerechnet die Art von Blümchenmuster, die Ihnen zusagt. Also kommen Sie nach reiflicher Überlegung zu dem Schluß, daß Sie bereit wären, dafür 7.000 Mark hinzulegen (hoffen aber, daß Sie es billiger bekommen...).
Jetzt heißt es aufgepaßt: Wir gehen davon aus, daß die Mehrwertsteuer 15 Prozent beträgt und das Auktionshaus 20 Prozent Aufgeld verlangt.

Daher sollten Sie diese 35 Prozent von den 7.000 Mark abziehen. Das ergibt dann etwa 4.500 Mark. Diesen Betrag schreiben Sie als Maximalgebot auf das Bieterformular.

Die Auktion beginnt normalerweise beim sogenannten Limit oder auch Rufpreis. Sagen wir, der liegt hier bei 2.000 Mark. Nun wird hochgesteigert: 2.000, 2.200, 2.400, dann ein schriftliches Gebot bei 2.500, dann im Saal 2.600 (kein Bieter muß sich an die vom Auktionator vorgegebenen Schritte halten, er kann auch einfach sein Gebot dazwischenrufen) usw. Bei 3.800 stoppt plötzlich das Interesse, niemand hebt mehr den Finger. Dem Auktionshaus liegt auch kein höheres schriftliches Gebot mehr vor – nur noch Ihres. Damit gehört Ihnen das wunderschöne Biedermeier-Sofa für 3.800 Mark plus 760 Mark Aufgeld sowie 570 Mark Mehrwertsteuer, also summa summarum 5.130 Mark.

Um es ganz klar zu sagen: Auktionshäuser sind dazu verpflichtet, schriftliche Gebote in der oben beschriebenen Form zu behandeln. Wenn es allerdings häufiger vorkommt, daß Ihre – relativ großzügig bemessenen – schriftlichen Gebote bis an die Grenze ausgereizt werden, dann sollten Sie doch lieber persönlich an der Auktion teilnehmen. Es kann auch sinnvoll sein, jemanden, der sowieso an der Auktion teilnimmt, zu bitten, darauf zu achten, wie ihre Nummer gesteigert wird.

Schwarze Schafe kann es immer geben. Grundsätzlich können Sie jedoch bei seriösen Auktionshäuser davon ausgehen, daß diese sich bemühen, ihren guten Ruf zu wahren, und ihre schriftlichen Bieter vorschriftsmäßig behandeln. Schließlich stellen diese ein beachtliches Umsatzpotential dar und bleiben nur dann, wenn sie gut und korrekt behandelt werden, treue Kunden.

Nach der Auktion findet oft noch für eine begrenzte Zeit – meist ein paar Tage – der sogenannte Nachverkauf statt. Hierbei werden übriggebliebene Stücke zum Limitpreis angeboten und an Interessenten ohne die Versteigerungsprozedur direkt verkauft. Wer Schnäppchen sucht und sich nicht auf etwas ganz Spezielles kapriziert hat, kann hier fündig werden.

Regel 6: Vorsicht beim Zuschlag unter Vorbehalt!

Findet sich bei einem Objekt niemand, der bereit ist, den Limitpreis zu bezahlen, wird ein Objekt manchmal auch darunter versteigert. Aber nur „u. V.", d. h. „unter Vorbehalt". Der Bieter erhält das Objekt nur dann, wenn der Einlieferer zustimmt, es für diesen Preis abzugeben. Diese Zustimmung kann oft Tage und Wochen dauern. Und wenn sich in der Zwischenzeit jemand findet, der doch noch bereit ist, den Limitpreis zu bezahlen, erhält dieser das Stück. Im Gegensatz zu den normalen Zuschlägen, die den Bieter sofort in den Besitz den Stückes kommen lassen, ist der Sachverhalt also beim Zuschlag unter Vorbehalt anders. Trotzdem ist diese Kaufart häufig einen Versuch wert. Viele Einlieferer haben einen zu hohen Limitpreis festgesetzt, und es ist ihnen dann doch lieber, das Stück zu einem niedrigeren Preis als überhaupt nicht loszuschlagen.

Regel 7: Informieren Sie sich über die Versteigerungsbedingungen!

Die Allgemeinen Versteigerungsbedingungen regeln grundsätzlich die Frage der Haftung für die Stücke, den Versteigerungsmodus, die Höhe des Aufgeldes usw. Die wichtigsten Fragen wurden bereits besprochen. Wer sich ausführlicher über juristische Feinheiten, die Höhe der Mehrwertsteuer sowie die unterschiedlichen Arten der Haftung, je nach dem, ob der Versteigerer als Kommissionär oder lediglich in fremdem Namen und für fremde Rechnung agiert, informieren möchte, dem empfehle ich die entsprechende Fachliteratur.

Eine ausdrückliche Warnung möchte ich hier noch vor einer speziellen Art von Auktionshäusern aussprechen, deren Zahl seit einiger Zeit zunimmt. Günstig in den Einkaufszentren deutscher Großstädte gelegen, finden hier Nonstop-Auktionen statt, die zufällig vorbeikommende Passanten anlocken, die sich hier ein Schnäppchen erhoffen. Wer sich in der künstlich zelebrierten Auktionsatmosphäre ein wenig unterhalten möchte, dem sei das unbenommen.

Das Flair einer Auktion soll den potentiellen Käufer zu einer schnellen Kaufentscheidung animieren und das Gefühl vermitteln, besondere Raritäten günstig zu erwerben. Doch sollten sich etwaige Käufer darüber im klaren sein, daß der Großteil der angebotenen Stücke extra für diesen Zweck hergestellte Neuware und selten den Auktionspreis wert ist.

7 REGELN FÜR DEN AUKTIONSBESUCH AUF EINEN BLICK

1. Informieren Sie sich, wann und wo eine Auktion stattfindet und was dort angeboten wird!
2. Besuchen Sie die Vorbesichtigung!
3. Studieren Sie den Auktionskatalog, und begutachten Sie kritisch den Gegenstand!
4. Überlegen Sie sich vorher genau, wie hoch Sie bieten wollen – und halten Sie sich daran!
5. Sie haben drei verschiedene Möglichkeiten, bei der Auktion mitzubieten: persönlich, telefonisch und schriftlich!
6. Vorsicht beim Zuschlag unter Vorbehalt!
7. Informieren Sie sich über die Versteigerungsbedingungen!

WIE KANN MAN ETWAS VERSTEIGERN LASSEN?

Natürlich muß die Ware, die auf einer Auktion angeboten wird, auch von irgend jemandem eingeliefert worden sein. Während nun der Bieter in einer Auktion möglichst günstig einkaufen möchte, haben sowohl der Einlieferer als auch das Auktionshaus ein Interesse daran, daß ein möglichst hoher Preis erzielt wird. Das ist verständlich: Der Einlieferer möchte möglichst teuer verkaufen, und das Auktionshaus bekommt ein prozentuales Aufgeld vom Ersteigerer sowie vom Einlieferer eine prozentuale Provision in ähnlicher Höhe.

WELCHE KOSTEN ENTSTEHEN?

Konkret sieht das in den meisten Fällen etwa so aus: Der Einlieferer bezahlt eine Gebühr von wenigen Mark für jedes Objekt, das in den Katalog aufgenommen wird. Zusätzlich fällt dann meist noch eine Versicherungsgebühr von wenigen Promille vom Schätzpreis an. Denn jedes Objekt muß während der Lagerung, Vorbesichtigung und Versteigerung versichert sein.

Diese Beträge fallen für den Einlieferer immer an, egal ob sein Objekt versteigert wird oder nicht. Wird das Stück nun einem Käufer zugeschlagen, erhält das Auktionshaus vom Einlieferer eine Provision in Höhe von 10 bis 20 Prozent. In den meisten Fällen gilt: Je höher der Zuschlag, desto niedriger der Prozentsatz der Provision. Diese Provision wird vom sogenannten Hammerpreis abgezogen. Den verbleibenden Rest erhält der Einlieferer.

Manchmal werden weitere Kosten für die Anfertigung von Fotos und deren Reproduktion im Auktionskatalog etc. abgezogen. Diese Kosten sollte der Einlieferer unbedingt vorher schriftlich mit dem Auktionshaus vereinbaren. Sonst kann er unter Umständen später eine herbe Überraschung erleben, wenn nach allen Abzügen vom Hammerpreis nichts mehr übrigbleibt.

Die Provision des Auktionshauses mag vielleicht auf den ersten Blick sehr hoch erscheinen. Und wenn Objekte in fünf-, sechs- und mehrstelliger Höhe versteigert werden, kommen da auch ganz hübsche Sümmchen zusammen.

Aber man muß auch den Aufwand bedenken, den ein Auktionshaus für den Verkauf betreibt: Die Mitarbeiter – größtenteils mit wissenschaftlicher Ausbildung – müssen alle Stücke beschreiben, vermessen, beurteilen und mit Auktionsnummern versehen. Es muß ein Katalog – teilweise mit aufwendig recherchierten Texten – erstellt und gedruckt werden, eventuell mit teuer anzufertigenden Abbildungen der Objekte (allerdings werden diese manchmal den Einlieferern in Rechnung gestellt – also aufgepaßt!). Der Verkaufspreis für den Katalog deckt meist nicht viel mehr als die reinen Herstellungskosten. Dann müssen diese Kataloge verschickt und in den einschlägigen Publikationen die entsprechenden Anzeigen geschaltet werden – und dann ist es immer noch nicht sicher, wie viele der angebotenen Objekte überhaupt einem Bieter zugeschlagen werden.

WELCHES AUKTIONSHAUS IST DAS RICHTIGE?

Wollen Sie bei einer Auktion etwas verkaufen, ist es wichtig, sich genau zu überlegen, welchem Auktionshaus man den Gegenstand anbietet. Ein sehr wertvolles Stück beispielsweise sollten Sie zu einem großen Auktionshaus bringen, da dort eher mit einem zahlungskräftigen Publikum zu rechnen ist.

Mittlere oder bescheidene Objekte erzielen häufig bei eher kleineren Auktionshäusern einen guten Preis. Dort fehlen die ganz hochkarätigen Stücke, neben denen die mittlere Ware häufig unbedeutend aussieht. Dagegen wirkt in einer bescheideneren Auktionsumgebung auch ein durchschnittliches Objekt noch begehrenswert.

Die meisten Auktionshäuser teilen Ihnen auf Anfrage gerne mit, wann sie Einlieferungen begutachten und annehmen. Überhaupt stellt für die meisten Auktionshäuser – ebenso wie für den Handel – seit Jahren eher die Beschaffung der Ware ein Problem dar, weniger der Verkauf. Daher werden Einlieferer – vor allem von interessanten Objekten – gehegt und gepflegt.

Wenn Sie daher z. B. wertvolle oder zahlreiche Stücke anbieten, kommt meistens gerne jemand persönlich bei Ihnen vorbei, um sich die Sachen anzuschauen und gegebenenfalls gleich mitzunehmen. Ansonsten klemmen Sie sich das Objekt unter den Arm und schauen zu einem vorher vereinbarten Zeitpunkt beim Auktionshaus vorbei.

Handelt es sich um ein sperriges Stück – beispielsweise einen großen Schrank –, dann notieren Sie bitte die Maße und fertigen ein Foto von dem entsprechenden Objekt an (Polaroid genügt meistens), das Sie im Verlauf des Gesprächs vorzeigen können.

Wie hoch sollte geboten werden?

Egal, ob Sie ein Stück ersteigern möchten oder ob Sie es auf einer Auktion versteigern lassen: Jedes Mal stellt sich die Frage, was das Stück wert ist. Wieviel soll dafür maximal ausgegeben werden? Wieviel muß beim Verkauf dafür mindestens erlöst werden?

So naheliegend diese Fragen auch erscheinen, so schwer sind sie doch im Hinblick auf Allgemeingültigkeit zu beantworten. Jedes Kunstwerk, jede Antiquität ist einmalig. Vieles wurde überhaupt nur als Unikat hergestellt. Und wenn nicht - zum Beispiel die berühmten und beliebten Bugholzstühle der Wiener Firma Thonet, die zu ihrer Zeit in Massen gefertigt wurden -, dann weist doch jedes Objekt wieder einen ganz individuellen Erhaltungszustand auf, der sich mehr oder weniger stark auf den Preis auswirkt.

Außerdem ist jedes Kunstwerk, jede Antiquität, jedes Sammelobjekt nur genau so viel wert, wie jemand bereit ist, dafür zu bezahlen. Alle Sammler-Preiskataloge, alle Auktionspreis-Reports - so gute Dienste sie uns auch leisten und so unentbehrlich sie dem ernsthaften Sammler sind - dürfen nicht darüber hinwegtäuschen, daß diese Preise nur dann real sind, wenn jemand sie tatsächlich bezahlt.

Auf der Auktion wird das besonders deutlich: Hätte man beispielsweise vor 20 Jahren einen Teddybären angeboten, wäre das ein Witz gewesen. Keiner hätte ihn gewollt. Heute dagegen liefern sich begeisterte Sammler regelrechte Bietergefechte um ein solches Kinderspielzeug. Und schon klettern die Preise in vier-, fünf- und sechsstellige Regionen.

Da sind wir gleich beim nächsten Punkt. Interessiert sich nur eine Person für das angebotene Objekt, kann sie es meist günstig - im Extremfall zum Limit oder sogar darunter (siehe Seite 50) - erwerben. Treffen aber zwei oder mehr Interessenten aufeinander, steigt natürlich der Preis entsprechend ihrer Zahlungsbereitschaft. Aus diesen Gründen sind Preise, die auf einer Auktion erzielt werden, nicht unbedingt auf jedes ähnliche Stück und jede Situation übertragbar: Vielleicht fehlte einem Sammler gerade diese ganz spezielle Märklin-Lok, um seine Sammlung komplett zu machen. Und dafür war er bereit, einen horrend erscheinenden Preis zu bezahlen.

Ein versierter Käufer weiß nun beispielsweise, für welchen Preis ein bestimmter Händler ein vergleichbares Objekt bereithält, und wird dann beim Bietgefecht nicht über diesen Betrag gehen. Alle Händler, aber nicht alle Bieter kennen die Preise. Auktionspreise orientieren sich also durchaus an den Händlerpreisen. Meist liegen sie darunter, sie können diese aber auch gegebenenfalls beachtlich übersteigen.

Deshalb sollten Sie sich vor der Auktion darüber klarwerden, wieviel Sie anlegen möchten. Ausnahme: Sie wollen das Stück um jeden Preis – und können sich diesen auch leisten! Falls Sie sich dagegen noch unsicher sind, es zwar ganz nett fänden, ein bestimmtes Stück – sagen wir eine hübsche Porzellantasse – zu besitzen, Sie aber auch ohne diese weiterleben könnten, dann bieten Sie einfach ganz niedrig – schriftlich oder persönlich. Gehen Sie noch mindestens ein Drittel unter den Schätzpreis. Sagen Sie sich: Wenn ich diese Tasse für 80 Mark bekomme – toll. Wenn nicht, dann vielleicht nächstes Mal eine andere.

Die meisten Auktionskunden sind Händler, die das nötige Know-how besitzen, ihr Sachgebiet kennen und wissen, wie hoch sie steigern können. Ein unbedarfter Sammler, der den Wert, das Alter, den Zustand, die Echtheit usw. eines Stückes nicht einschätzen kann, sollte daher eher defensiv bieten.

Hier ist es in vielen Fällen sicherer – und auf längere Sicht auch günstiger –, sich an den Fachhandel zu wenden. Der Kunde wird dort beraten, und er kann sich seinen Kauf in Ruhe überlegen. Und der Händler ist verpflichtet, für das, was er verkauft, geradezustehen.

Jemand, der ein Objekt zur Auktion einliefert, muß sich überlegen, wieviel er mindestens dafür haben möchte. Allerdings sollte man hier realistisch sein und nicht nach den Sternen greifen. Ist das Limit zu hoch angesetzt, dann ist die Gefahr groß, daß das Stück „zurückgeht", also überhaupt nicht verkauft wird. Grundsätzlich haben Sie als Einlieferer keine Möglichkeiten, einen Preis zu erzwingen. Sie können – wie gesagt – nur festlegen, daß er nicht unter ein bestimmtes „Limit" sinkt.

KAPITEL III – KUNST- UND ANTIQUITÄTENHANDEL

So viel auch für das Ersteigern auf Auktionen spricht, so gibt es doch gewichtige Gründe für den Einkauf im Fachhandel. Sicher, es ist spannend, auf einer Auktion zu kaufen. Das Angebot ist breit gefächert. Und wenn man Glück hat und sich auskennt, kann man etwas unverhältnismäßig günstig ersteigern.

Aber diesen Vorteilen sind auch Grenzen gesetzt. Das Angebot bei einer Auktion ist häufig qualitativ sehr unterschiedlich. Vieles ist in schlechtem Zustand und muß repariert oder gar restauriert werden. Der Besuch einer Vorbesichtigung – etwa einer Varia-Auktion – kann für den Laien wie die Besichtigung eines Altwarenlagers wirken, in dem die Perlen des Angebots gar nicht zur Geltung kommen.

Außerdem ist das Angebot einer Auktion umständehalber weitgehend zufällig. Wer eine ganz bestimmte Kommode in einem speziellen Holz und präzisen Maßen sucht – weil sie sonst halt nicht an einen bestimmten Platz und zur übrigen Einrichtung paßt –, der kann unter Umständen monate- und jahrelang zu Auktionen in ganz Deutschland fahren, ohne das richtige Stück zu finden. Und wenn doch, dann vielleicht einem fanatischen Bieter, der weit über das richtige Maß hinausschießt, unterliegen. Oder selbst schlicht und einfach viel zuviel bezahlen.

Sie sehen also, ganz so einfach ist es nicht. Es lauern auch jede Menge Fallstricke. Und es sind die Faktoren Zeitaufwand und Kompetenz, die hier für den Käufer, der auf der Jagd nach einem ganz bestimmten Stück ist, zum Problem werden können.

Deshalb kaufen auf Auktionen traditionell vor allem die Kunst- und Antiquitätenfachhändler selbst ein. Sie suchen sich dort aufgrund ihres Fachwissens und entsprechend ihrer Spezialisierung die passenden Stücke für ihren Laden zusammen. Sie abonnieren die Kataloge aller sie interessierenden Auktionshäuser. Sie konzentrieren sich auf ihr Fachgebiet. Damit besitzen sie auch das Fachwissen, die Qualität der angebotenen Objekte richtig einzuschätzen. Sie können schon vor dem Kauf beurteilen, wieviel sie beispielsweise die Restaurierung der hübschen Stuhlgruppe mit den leider völlig zerschlissenen Bezügen kosten wird. Ein versierter Händler wird sich hüten, auf der Auktion zu hoch zu steigern, da er die Stühle dann nicht mehr mit angemessenem Gewinn weiterverkaufen kann, außer er hat für ein Objekt schon einen ganz bestimmten Käufer im Hintergrund, von dem er weiß, daß dieser es um jeden Preis besitzen möchte. Das kommt häufiger vor, als man denkt. Denn eines ist sicher: Kaum eine wirklich gute Sammlung ist ohne einen versierten und vertrauenswürdigen Kunst- oder Antiquitätenhändler aufgebaut worden. Kaum ein Laie, der ja meist seiner Berufstätigkeit nachgehen muß, um seine Kunstleidenschaft überhaupt finanzieren zu können, hat die Fachkompetenz und die Zeit, allen Stücken, die ihn interessieren, nachzujagen.

Der Händler wird sich bemühen, dem Käufer in seinem Bereich ein breitgefächertes Angebot zu fairen Preisen zur Verfügung zu stellen. Denn die Kunst- und Antiquitätenhändler wissen, daß sich die Kunden heutzutage auch auf Auktionen tummeln und die dort üblichen Preise kennen.

Suchen Sie jetzt beispielsweise Ihre Kommode aus Mahagoni, dann können Sie ganz gezielt diejenigen Antiquitätenhändler ansprechen, die sich auf Möbel spezialisiert haben. Man wird Ihnen mehrere Objekten anbieten, aus denen Sie in aller Ruhe und mit Überlegung auswählen können, ohne die Hektik und den Streß einer Auktion.

Ein seriöser und engagierter Händler wird Ihnen beispielsweise auch die Möglichkeit bieten, ein Möbel erst einmal zur Probe bei Ihnen zu Hause aufzustellen. Sie sehen dann, ob es dort hinpaßt und ob Ihnen das Stück in der heimischen Umgebung überhaupt noch gefällt. Das ist ein Service, den Ihnen nur ein Händler, niemals aber ein Auktionshaus bieten kann.

Außerdem ist der Kunst- und Antiquitätenhändler verpflichtet, für die verkaufte Ware – ihre Echtheit usw. – mindestens sechs Monate lang einzustehen. Stellt sich bei einer Erwerbung später heraus, daß ein Gegen-

stand gar nicht das ist, als was er ausgegeben wurde, dann ist der Händler mindestens sechs Monate nach dem Kauf nicht nur zur Rücknahme und Gelderstattung, sondern in manchen Fällen sogar zum Schadensersatz verpflichtet.
Ersteigern Sie dagegen auf der Auktion einen Barock-Schrank und später stellt sich heraus, daß er nur im Stil des Barock, also im 19. oder sogar 20. Jahrhundert gefertigt wurde, dann haben Sie leider Pech gehabt. Es sei denn, das Auktionshaus ist freiwillig so kulant, die Angelegenheit großzügig zu regeln.

WELCHE HÄNDLER SIND SERIÖS?

In Deutschland gibt es eine Vielzahl von Kunst- und Antiquitätenhändlern sowie Tandlern und Trödlern. Die renommierten und etablierten Kunsthändler sind im Bundesverband des Deutschen Kunst- und Antiquitätenhandels e. V. (BDKA) zusammengeschlossen. Das soll natürlich nicht heißen, daß andere Händler nicht seriös sind. Allein schon den Händlern, die sich auf neuere Sammelgebiete spezialisiert haben, bietet sich gar nicht die Chance, in den ehrwürdigen Verband aufgenommen zu werden.
Diejenigen, die Mitglied im Verband werden und bleiben wollen, müssen sich einem Verhaltenskodex unterwerfen, der die Seriosität der Branche sichern soll und dem Käufer zahlreiche Vorteile bringt. Hier der Wortlaut des in der Satzung festgelegten Berufsbildes, denn es umreißt auch sehr anschaulich die Gefahren, die einem Käufer bei einem unseriösen Händler drohen können:
„Kunsthandel unterscheidet sich wesentlich von anderer Handelstätigkeit. Als Vermittler von originalen Kunstwerken ist dieser Beruf nicht nur auf Gewinnerzielung ausgerichtet, sondern erfüllt ebenso eine kulturelle Aufgabe. Der Kunsthändler ist also nicht nur Kaufmann, sondern auch Berater. Das Verhältnis zwischen Kunsthändler und Kunstkäufer bedingt somit ein besonders hohes Maß an persönlichem Vertrauen.

Im Gegensatz zu Gebrauchs- und Verbrauchsgütern zeichnen den Kunstgegenstand Eigenschaften aus, die für Laien nicht ohne weiteres erkennbar sind. Für die Vermittlung sind deshalb besondere Kenntnisse und eine entsprechende Berufserfahrung notwendig.
Der Bundesverband, der seinerseits der Conféderation Internationale des Négociants en Œuvres d'Art (C.I.N.O.A.) angehört, erwartet von den Mitgliedern seiner Landesverbände, daß sie sich der besonderen Verantwortung ihres Berufes bewußt sind, ihn gemäß den geschriebenen und ungeschriebenen Grundsätzen des Bundesverbandes ausüben und sich insbesondere dem Berufsbild des Kunsthändlers verpflichtet fühlen."
Ein spezieller Verhaltenskodex soll illegale Praktiken – vor allem den Handel mit gestohlenen und dem Artenschutz unterworfenen Objekten – verhindern:
„Angesichts der weltweiten Besorgnis über den Handelsverkehr mit gestohlenen Antiquitäten und Kunstwerken und der illegalen Ausfuhr solcher Objekte sowie angesichts des Verbots des Handels mit Objekten aus artgeschützten Materialien unterwirft sich der von den unterzeichneten Verbänden repräsentierte deutsche Kunsthandel folgenden Verhaltensnormen:

1. Der deutsche Kunsthandel wird sich nicht am Import, Export oder Handel mit solchen Gegenständen beteiligen, bei denen hinreichender Grund zu der Annahme besteht, daß
a) der Verkäufer nach geltendem Recht nicht zur Verfügung über den Gegenstand berechtigt ist, insbesondere der Gegenstand mittels Diebstahl oder in anderer Weise unrechtmäßig erworben wurde,
b) ein importierter Gegenstand in seinem Herkunftsland unter Verstoß gegen das dort geltende Recht erworben wurde,
c) ein importierter Gegenstand ohne die erforderliche Erlaubnis ausgegraben oder aus Ausgrabungsstätten erworben wurde.
2. Der deutsche Kunsthandel verpflichtet sich darüber hinaus, kein Objekt auszustellen, zu beschreiben, zu begutachten, zu bewerten oder aufzubewahren in der Absicht, seinen unrechtmäßigen Handel oder Export nicht nur nicht zu verhindern, sondern sogar zu begünstigen.

3. Im Rahmen der gegebenen rechtlichen Möglichkeiten wird sich der deutsche Kunsthandel ferner für die Rückführung gestohlener oder illegal ausgeführter Gegenstände in ihr Ursprungsland einsetzen, sofern der Nachweis unrechtmäßiger Ausfuhr aus diesem Land erbracht worden ist, die Rückführung innerhalb angemessener Zeit verlangt und im Falle eines rechtmäßigen Erwerbs eine angemessene Entschädigung gewährt wird.
4. Der deutsche Kunsthandel befürwortet die Ziele der Artenschutzgesetze. Er wird sich auch künftig nicht am Handel mit Gegenständen aus artgeschützten Materialien beteiligen, die nach Verabschiedung des Washingtoner Artenschutzabkommens (CITES) hergestellt sind. Er wird seiner Deklarationspflicht nach den geltenden Artenschutz-Bestimmungen gewissenhaft nachkommen.
5. Der deutsche Kunsthandel wird auch sonst nichts unternehmen, was geeignet ist, den illegalen Handel oder Export von Kunstgegenständen zu fördern, vielmehr an dessen Hinderung nach Kräften mitwirken.
6. Verstöße gegen diesen Verhaltenskodex werden von den unterzeichneten Verbänden mit den ihnen zur Verfügung stehenden Mitteln ohne Ansehen der Person verfolgt.
7. Dieser Verhaltenskodex betrifft alle Gegenstände, die üblicherweise Gegenstand des Kunst- und Antiquitätenhandels sind. Die unterzeichneten Verbände werden ihre Mitglieder auf die Einhaltung dieses Kodex verpflichten."

Für den Käufer bedeutet dieser Kodex vor allem die Sicherheit, nicht in illegale Machenschaften – für die der Kunsthandel durchaus anfällig ist – verwickelt zu werden. Sie brauchen also nicht zu befürchten, Hehlerware zu erwerben.
Diese Gefahr ist durchaus nicht zu unterschätzen. Zum einen nimmt die Zahl der Einbrüche in Wohnungen und Häuser, bei denen auch zahllose Kunstwerke und Antiquitäten gestohlen werden, in den letzten Jahren dramatisch zu. Zum anderen hat gerade die Öffnung des Eisernen Vorhangs zu einer erschreckenden Zahl von Diebstählen aus meist nur unzureichend gesicherten Kirchen, Schlössern und Museen in den Staaten des

ehemaligen Ostblocks geführt. Besonders davon betroffen sind Tschechien, die Slowakei und Polen. Da werden Altargemälde brutal aus den alten Bilderrahmen geschnitten, Putten abgesägt und Kruzifixe von der Wand gerissen. Vieles wird dabei zerstört. Der Rest wandert in den Westen und bringt den Hehlern und Zwischenhändlern eine Menge Geld. Für die betroffenen Länder ist der Verlust ihres Kulturgutes natürlich schmerzlich.

Gestohlene Ware lohnt sich nicht

Auch für den Käufer kann die Sache unangenehm werden. Die Rechtslage in Deutschland ist eindeutig: „Das deutsche Zivilrecht lehnt einen gutgläubigen Erwerb an gestohlenen Sachen ab.“ Das heißt im Klartext: Stellt es sich heraus, daß Sie einen gestohlenen Putto gekauft haben, dann nützt es Ihnen gar nichts, daß Sie völlig ahnungslos waren, eine Menge Geld bezahlt haben und den Händler für seriös hielten.

Sie müssen dem Besitzer das Stück entschädigungslos zurückgeben. Sie können allenfalls versuchen, Ihr Geld vom Dieb – oder Hehler – zurückzuerhalten.

Anders sieht dagegen die Rechtslage beispielsweise in Österreich und der Schweiz aus. Dort ist es unter bestimmten Umständen möglich, gestohlenes Eigentum gutgläubig zu erwerben.

Daß es natürlich Händler und Kunden gibt, denen das egal ist, wissen wir: Wenn ein weltberühmtes Kunstwerk gestohlen wird und nicht wieder auftaucht, dann kann es entweder bei einem privaten Kunstsammmler gelandet sein, der sich dann zusammen mit dem Kunstwerk in einen Safe setzt und sein Besitzerglück genießt, oder einem Versicherungserpresser.

Tip: Wenn Sie bei einem Kunst- oder Antiquitätenhändler ein mehr oder weniger teures Stück erwerben, bestehen Sie unbedingt auf einer präzisen, ausführlichen und korrekten Rechnung. Auf dieser sollte nicht nur der Kaufbetrag stehen, sondern sollten auch die Eigenschaften des erworbenen Gegenstandes beschrieben sein. Im folgenden sind die wichtigsten Kriterien genannt, wobei natürlich nicht alle Punkte auf jedes Stück zutreffen könnnen (ein Möbel hat – zumindest vor unserem Jahrhundert – keine Auflagenhöhe):

Name des Künstlers (mit Lebensdaten)
Titel des Kunstwerks
Maße des Kunstwerks
Signatur/Bezeichnung
Material
Herstellungstechnik
Entstehungszeit des Modells/der Druckvorlage
Entstehungszeit des Druckes/Gusses etc.
Zahl der Auflagen sowie Zahl der Exemplare innerhalb der jeweiligen Auflage
Nummer des verkauften Exemplares
Name des Druckers/Editeurs/Gießers
Verbleib des Modells/der Druckform/der Platte
Literaturhinweise
Hinweis auf öffentliche/private Sammlungen

Daneben sollten auf der Rechnung auch der Zustand des Stücks sowie etwaige Reparaturen und Restaurierungen vermerkt sein, z. B. wenn bei Möbeln die Füße ergänzt sind oder ein Gemälde gereinigt und neu gefirnißt oder die Leinwand doubliert wurde. Oder Sie lassen sich explizit bestätigen, daß das Stück absolut original und unberührt ist. Alle diese Punkte können bei einer späteren Reklamation ausschlaggebend sein. Und dies ist ganz wichtig für den Käufer: Jeder Händler haftet nur *sechs Monate* für die schriftlich bestätigten Eigenschaften eines Objektes. Sind Sie sich Ihrer Sache nicht sicher, sollten Sie innerhalb dieser Zeit versuchen, Ihre Zweifel auszuräumen. Seriöse Händler werden berechtigte Reklamationen auch nach dieser Frist mit Kulanz behandeln. Und manche Händler erklären sich bereit, für ihre Ware zeitlich unbeschränkt zu haften. Lassen Sie sich ein solches Angebot jedoch unbedingt schriftlich bestätigen.

Wie entstehen die Preise im Handel?

Wie bereits angedeutet, werden Sie nicht selten für ein entsprechendes Stück beim Kunst- und Antiquitätenhändler mehr bezahlen als auf der Auktion. Aber erstens ist das nicht immer so, und zweitens hat das seine guten Gründe, denn Sie bekommen dort auch entsprechend mehr für Ihr Geld geboten.

Zum ersten Punkt: Auf einer Auktion kann es immer vorkommen, daß sich zwei oder mehr Bieter in übertriebene Preisregionen hochschaukeln. Dabei handelt es sich meist um Privatleute, häufig engagierte Sammler. Denn ein Händler, der ja auch ein guter Kaufmann sein sollte, wird sich normalerweise davor hüten, zu teuer einzukaufen.

Zum zweiten Punkt: Für den Kunden bietet der Händler einen ganz anderen Service, als es ein Auktionshaus von seiner Struktur und seinem Zweck her bieten kann. Dazu gehört beispielsweise die ausführliche Beratung und die weitgehende Haftung des Händlers, auf die bereits eingegangen wurde (siehe Seite 63).

Der Händler übernimmt die Restaurierung der Ware

Darüber hinaus sind viele Objekte für die meisten Käufer in dem Zustand, in dem sie auf der Auktion angeboten werden, nicht akzeptabel. Ausnahmen bestätigen natürlich die Regel. Aber meist wird der Händler das erworbene Stück reinigen, reparieren und wieder in altem Glanz erstehen lassen. So werden alte silberne Teekannen häufig neu versilbert. Polstermöbel müssen in den meisten Fällen nicht nur neu bezogen, sondern auch neu gepolstert werden. Teppiche werden gereinigt und schadhafte Stellen fachmännisch ausgebessert. Bei Möbeln gilt es, loses Furnier festzuleimen und fehlende Teile zu ergänzen.

Hier jedoch aus gegebenem Anlaß eine ganz persönliche Anmerkung und Kritik am Antiquitätenhandel: Teilweise wird das Restaurieren und Wiederherstellen gerade bei Möbeln übertrieben. So werden die alten und authentischen Oberflächen bei furnierten und polierten Möbeln zum Beispiel vollständig entfernt, und „das gute Stück" wird aufwendig mit einer dicken und glänzenden Schicht Schellack überzogen. Die Stücke sehen dann zwar aus wie frisch aus dem Möbelgeschäft, sind aber „totrestauriert". Von Patina, ehrwürdigem Alter und der Aura eines überlieferten Kulturdokuments kaum eine Spur mehr! „Die Leute wollen das so", heißt es dann. „Sauber und hygienisch soll es aussehen, nicht so nach altem Glump."

In England ist das ganz anders. Da schätzt man Spuren, die das honorige Alter des Stücks verraten. Natürlich müssen gewisse Mängel ausgebessert und behoben werden, um die Lebensdauer der Objekte zu verlängern. Eine aufdringlich glänzende Oberfläche wie aus der Meister-Proper-Werbung gehört jedoch nicht dazu!

Tragen Sie also bitte mit Ihrem Kaufverhalten dazu bei, daß auch in Deutschland die Pest des übertriebenen Restaurierens von Antiquitäten eingedämmt wird. Dies ist nicht zuletzt im Sinne des verantwortungsbewußten Handels. Denn sonst erleichtert der Kauf übertrieben restaurierter Möbel den Fälschern ihr Geschäft. Es ist nämlich wesentlich leichter, eine Fälschung mit einer wie neu glänzenden Oberfläche zu versehen, als die Patina eines alten Stückes überzeugend nachzuahmen.

Auf jeden Fall entstehen durch die Pflege und Restaurierung dem Kunst- und Antiquitätenhändler Kosten. Und wenn wir unsere Handwerkerlöhne betrachten, nicht zu knapp! Dazu kommen noch die laufenden Kosten für die ständige Bereitstellung einer großen Auswahl an Objekten: also für den Laden – häufig in einer nicht gerade billigen Gegend –, dann das Personal und – nicht zu vergessen – die mehr oder weniger hohen Zinsen für das Investitionskapital für wertvolle Stücke (Auktionshäuser verlangen die rasche Bezahlung ihrer Rechnungen, schon deshalb, weil sie wiederum die Beträge ihren Einlieferern gutschreiben müssen).

Daß dadurch Aufschläge von bis zu 100 Prozent gegenüber dem Auktionspreis entstehen können, erscheint nicht mehr verwunderlich. Auch auf den Privatmann, der das Objekt ersteigert, kommen ja in vielen Fällen noch zusätzliche Kosten zu. Außerdem sollten Sie bedenken: Ein guter Händler kann für Sie eine Vertrauensperson sein. Er wird Sie beraten, Ihnen Tips geben, bestimmte Stücke für Sie besorgen und auch mal für Sie – gegen eine meist ganz vernünftige Provision – ein bestimmtes Stück auf einer Auktion ersteigern.

WIE VERKAUFT MAN ETWAS?

Natürlich gibt es nicht nur die Situation, in der Sie etwas einkaufen möchten. Es kann auch vorkommen, daß Sie etwas verkaufen wollen. Dabei sind höchst unterschiedliche Situationen denkbar: Sie könnten beispielsweise ein Möbelstück geerbt haben, das Ihnen nicht gefällt oder für das Sie zu Hause keinen Platz haben. Ober ein Ölgemälde, von dem Sie sich eine kleinere – oder größere – Finanzspritze für Ihr Bugdet versprechen.
Häufig werden Sie sich in diesen Fällen an ein Auktionshaus wenden. Denn die Chance, daß Sie das Stück dort unterbringen, ist größer, als daß Sie einen Händler finden, der Ihnen das Stück abkauft.
Trotzdem bestätigen auch hier die Ausnahmen die Regel: Ist Ihnen ein Händler bekannt, der sich speziell für Ihr Stück interessieren könnte, scheuen Sie sich nicht, ihm das Objekt anzubieten. Ist der Gegenstand leicht transportabel und der Händler in Ihrer Nähe, dann vereinbaren Sie mit ihm einen Termin, an dem er – beispielsweise – den alten Fayence-Krug begutachtet. Interessiert er sich speziell für Ihr Stück und paßt es in sein Sortiment, dann erzielen Sie so unter Umständen einen besseren Preis als auf einer Auktion, bei der dieser Spezialist aus irgendeinem Grunde vielleicht nicht anwesend ist und das Stück dann entweder unter Wert oder gar nicht verkauft wird.

DAS PERSÖNLICHE GESPRÄCH MIT DEM HÄNDLER

Es gibt aber auch noch andere Gründe, sich von Gegenständen zu trennen. Viele Kunst- und Antiquitäteninteressierte sowie Sammler verlagern im Laufe der Jahre ihre Interessen. Entweder man arbeitet sich

langsam von preiswerteren zu teuren Stücken empor, oder man spezialisiert sich. Für alles braucht man Platz und Geld und entschließt sich daher häufig, sich von ehemaligen Lieblingen wieder zu trennen.
Auch hier gibt es die Möglichkeit, einzelne Stücke oder Bereiche einer Sammlung auf eine Auktion zu geben. Aber oft kommt dafür genausogut ein Händler in Frage, der mit diesem Sammelgebiet zu tun hat. Häufig genug wird er von einem guten Kunden ein Stück zu einem mehr als angemessenen Preis in Zahlung nehmen, wenn dieser dafür ein neues kauft.
Wollen Sie übrigens ein sperrigeres Stück verkaufen – oder der Händler wohnt weiter weg –, dann fertigen Sie am besten ein Foto an – ein Polaroid genügt meist – und schicken es dem Händler mit einer kurzen Beschreibung, den Maßen, eventuellen Signaturen, Marken, Besonderheiten etc. zu. Erscheint ihm das Objekt interessant genug, wird er Sie dann meist persönlich aufsuchen, um es zu begutachten, Ihnen gleich einen Preis nennen – oder den Ankauf ablehnen.

KAPITEL IV - ANTIQUITÄTENMÄRKTE UND SAMMLERBÖRSEN

Antiquitätenmärkte, Sammlerbörsen usw. tauchen in den letzten Jahren in immer häufigerer Zahl und an immer mehr Orten auf. Die Spannbreite der Veranstaltungen reicht dabei von solchen des gehobenen Kunst- und Antiquitätenhandels bis zu lokalen Puppenbörsen. Von Flohmärkten unterscheiden sie sich durch die gezielte Auswahl der Aussteller, entweder nach Niveau oder Sammelgebieten. Flohmärkte charakterisiert dagegen ein Sammelsurium von Alt und Neu, von Currywurst und indischen Batikschals.

WAS WIRD ANGEBOTEN?

Auf Messen und Börsen finden Sie ein Angebot, das dichter und reichhaltiger ist, als Sie es je in einem Antiquitätenladen oder auf einer Auktion finden können. Allen, die sich auf zeitsparende und unterhaltsame Art einen Überblick über das Angebot im gehobenen Kunsthandel, auf dem breiten Antiquitäten- und Sammlermarkt oder beispielsweise von altem Spielzeug verschaffen möchten, rate ich dringend zum Besuch einer derartigen Veranstaltung.

Für zahlreiche Sammelgebiete sind solche Börsen überhaupt die beste Möglichkeit, Gleichgesinnte kennenzulernen. Und ganz entscheidend ist dabei, daß es für viele Dinge, die gesammelt werden, gar keinen oder nur wenige spezialisierte Händler gibt. Sie können beispielsweise alte Barbie-Puppen kaum in größerer Auswahl in einem Laden finden. Denn zahlreiche Händler, die auf solche Bereiche spezialisiert sind, führen kein Ladengeschäft. Sie versenden Listen an ihre Kunden und stehen zu vereinbarten Terminen zur Verfügung. Diese Händler finden Sie auch auf den entsprechenden Börsen.

Außerdem treffen Sie dort Privatleute und Sammler an, die sich von einzelnen Stücken und bestimmten Teilen ihrer Sammlung trennen wollen.

KUNST- UND ANTIQUITÄTENMESSEN

Doch beginnen wir mit den exklusiven Kunst- und Antiquitätenmessen, deren Besuch eher dem eines Museums gleicht als dem einer profanen Börse. Diese Messen finden jährlich oder zweijährlich in Köln bzw. Düsseldorf, Hannover-Herrenhausen, Frankfurt am Main, Berlin und München statt. Die ausstellenden Händler sind handverlesen. Eine Jury prüft genau, ob die zum Verkauf vorgesehenen Stücke auch dem angestrebten Niveau und den Statuten des Veranstalters entsprechen.
Der Eintritt und der teilweise obligatorische Katalog sind nicht billig, dafür ist die Qualität der ausgestellten Stücke meist makellos. Allein das Anschauen und Herumflanieren ist für jeden Kunst- und Antiquitätenliebhaber zur Erweiterung seiner Kenntnisse und zur Geschmacksbildung wichtig. Natürlich ist der Großteil der Stücke für die meisten von uns unerschwinglich. Aber mit etwas Glück lassen sich auch preisgünstige Gelegenheiten auftun. Und wer weiß? Vielleicht verzichten Sie ja auf das dicke neue Auto und schaffen sich statt dessen diese herrliche Barock-Kommode an, in die Sie sich unversehens verliebt haben?
Angeboten werden Gemälde alter Meister, des 19. Jahrhunderts und der Moderne, Graphiken und alte Bücher und natürlich Möbel: möglichst nicht jünger als Biedermeier, und da nur allererste Qualität. Aus späteren Stilrichtungen – Historismus, Jugendstil, Art déco – sind eigentlich nur Stücke anzutreffen, deren herausragende Qualität sie kunst- und kulturhistorisch besonders bedeutend macht. Natürlich ist das Ansichtssache, aber die Tendenz wird deutlich: Urgroßmutters Gründerzeit-Vertiko hat hier (noch) nichts verloren.
Weiterhin umfaßt das Angebot alle klassischen Antiquitätenbereiche wie Silber, Zinn, Porzellan und Keramik, Glas, Teppiche, Uhren, Schmuck,

Ikonen, Asiatica, Africana, Waffen usw. Weniger vertreten ist der üblicherweise mit „Varia“ umschriebene Bereich. Auch hier müssen die Objekte strengen Kriterien bezüglich Alter, Qualität und Bedeutung entsprechen. Auch würde es für die Aussteller keinen Sinn machen, mediokre oder gar minderwertige Ware auszustellen. Denn erstens ist so eine Messe auch eine Form der Selbstdarstellung, nicht nur den Kunden, sondern auch den Kollegen gegenüber, und zweitens ist die jeweilige Ausstellungsfläche für jeden Händler meist so gering und die Miete dafür so hoch, daß es sich nicht lohnt, den meist gering bemessenen Platz mit „Plunder“ vollzustellen.

ANTIQUITÄTEN- UND SAMMLERBÖRSEN

Antiquitäten- und Sammlerbörsen stehen im Niveau - auch im finanziellen - eine Stufe unter den exklusiven Kunst- und Antiquitätenmessen. Das ist jedoch keinesfalls abwertend gemeint. Denn hier werden ebenfalls wundervolle, rare und teure Objekte angeboten, die jedoch ein breiteres Spektrum abdecken. Beispielhaft für diese, häufig von lokalen Händlern dominierte Art von Messen sollen hier die jährlich in Stuttgart stattfindende Internationale Sammler- und Antiquitäten-Ausstellung (ISA), der Münchner Antiquitätenmarkt – jeweils im März und Oktober – oder die Messe ‚Pfalz Antik‘ in Speyer genannt werden.
Hier werden auch kleinere Händler und breitere Themenkreise zugelassen. Neben den klassischen Antiquitätenbereichen finden Sie dort altes Spielzeug, Textilien und technische Antiquitäten sowie Stücke aus den Fünfzigern.
Wenn Sie gern auf Entdeckungsreise gehen, nicht auf ein Gebiet festgelegt sind und am liebsten querbeet „alles, was schön ist“ sammeln, dann sind Sie hier goldrichtig! In oft mehreren Messehallen reiht sich ein Stand an den anderen. Und immer gibt es Neues zu entdecken, zu begutachten, zu handeln und zu feilschen!
Was die überwiegende Zahl eher kleinerer Sammlerbörsen auszeichnet, ist ihre Spezialisierung auf ganz bestimmte Sammlerbereiche. Hier gibt

es Börsen für Teddy-, Puppen-, Telefonkarten-, Parfumflakon- und Werbefigurensammler und und und! Diese Börsen sind gleichzeitig Treff und Infostelle für Hobbysammler und Händlerprofis.
Einige dieser Börsen finden in regelmäßigem Turnus – häufig zweimal im Jahr – am selben Ort statt. Die Sammler und Interessenten wissen das und stellen sich darauf ein.
Genaue Termine und Orte aller dieser Veranstaltungen finden Sie aufgelistet im wichtigsten Infoblatt für alle Sammler, dem *Sammler-Journal*, außerdem im *Trödler*, der sich in den letzten Jahren zu einer respektablen und durchaus anspruchsvollen Zeitschrift gemausert hat (siehe Seite 123 f).

Das Preisniveau

Natürlich ist es letztendlich unmöglich zu sagen, dies und jenes kaufen Sie hier oder dort günstig ein. Zu vielfältig sind die angebotenen Objekte, zu unterschiedlich ihr Erhaltungszustand, und zuwenig homogen ist die Gruppe der Händler.
Erwähnt wurde schon, daß die auf den ganz großen Kunst- und Antiquitätenmessen angebotenen Stücke teuer sind. Und zwar deswegen, weil es sich hier um hochwertige und rare Objekte handelt. Sie sind also kostspielig, in den meisten Fällen aber durchaus ihren Preis wert.
Auf den allgemeinen Antiquitäten- und Sammlermärkten entspricht das Preisniveau in etwa dem des Antiquitäteneinzelhandels. Die Händler versorgen sich meist über Auktionen und ihre „Privatkanäle“ mit Ware, die sie dann mit einem entsprechenden Aufschlag weiterverkaufen. Einigermaßen transparent scheint die Preisfindung noch im Bereich der traditionellen Antiquitäten.
Schwieriger ist es dagegen zu beurteilen, ob die geforderten Preise für die neuen Sammelobjekte – Reklame-Objekte im weitesten Sinne, Überraschungseier-Figuren, Telefonkarten und dergleichen mehr – angemessen sind.

INFORMATIVE FACHMESSEN

Hier ist sicherlich der Besuch einer speziellen Börse sinnvoll. Denn dort reiht sich Händler an Händler, von denen jeder Ähnliches anbietet. Und Konkurrenz belebt nicht nur das Geschäft, sondern reguliert auch die Preise. Als potentieller Kunde können Sie dort sehr einfach Preisvergleiche anstellen. Die Gefahr, übers Ohr gehauen zu werden, ist lange nicht so groß, als wenn Sie es ohne Vergleichsmöglichkeit nur mit einem Händler zu tun haben.

Ganz allgemein sollten Sie als Kunde nie die Händler unterschätzen. Daß alte – und manchmal gar nicht so alte – Dinge etwas wert sind, hat sich heutzutage wirklich bis ins allerletzte Kuhdorf rumgesprochen. Und auch die Händler, die ja schließlich davon leben, sich auszukennen, sind meist nicht auf den Kopf gefallen oder verlangen vorsichtshalber immer eher zuviel als zuwenig. Mit etwas Glück und Verstand bekommen Sie Ihre Wunschobjekte zu einem angemessenen Preis. Aber anzunehmen, daß Sie einem wirklichen Profi etwas weit unter Wert abluchsen, ist Illusion.

KAPITEL V – ANTIKMÄRKTE, TRÖDEL- UND FLOHMÄRKTE

Gebrauchtwaren-, Trödel- und Flohmärkte haben eine lange Tradition. Da es in früherer Zeit noch keine rationelle Fertigung und Automation gab, waren damals alle Küchen- und Haushaltsgegenstände, Möbel und vor allem auch Kleider wegen des höheren Anteils an Handarbeit im Verhältnis zu heute wesentlich teurer. Vieles konnte man auch gar nicht fertig kaufen, sondern mußte es erst beim Handwerker in Auftrag geben. Dafür waren die Produkte auf längeren Gebrauch hin angelegt. Unsere Wegwerfgesellschaft ist gar nicht so alt. Die Produktion von Gegenständen, die möglichst bald wieder ihren Geist aufgeben sollen, ist ein Phänomen der letzten Jahrzehnte.

WAS KANN MAN DORT FINDEN?

ANTIKMÄRKTE

Die Spanne des Angebots ist sehr breit: Auf Antikmärkten finden Sie teilweise reguläre Antiquitäten, jedoch nur relativ wenige Stücke, die viel älter als 100 Jahre sind. Sehr reichhaltig ist generell die Gründerzeit vertreten, also die Epoche von etwa 1870 bis zum Jugendstil und zum Ersten Weltkrieg.

Typisch für diese Zeit sind Möbel aus dunklem Holz, große Eßtische – häufig zum Ausziehen –, stabile Stühle, üppig dimensionierte Vertikos und Sofas sowie riesige Schreibtische. Gerade die praktischen Ausziehtische sind sehr beliebt, da diese, sofern sie aus früheren Zeiten stammen, eher selten und dann ausgesprochen teuer sind.

Viele Stücke aus dieser Zeit wurden bereits industriell gefertigt, sind also Massenware. Bemerkenswert ist, daß ein Großteil der Möbel trotz ihrer

manchmal plumpen Form und ihres massigen Äußeren relativ teuer ist. Prüfen Sie also in Ruhe, ob beispielsweise die Möbel, die auf den ersten Blick oft den Charme der „guten alten Zeit" auszustrahlen scheinen, wirklich zu Ihnen und in Ihre Wohnung passen. Und wenn ja, bezahlen Sie nicht zuviel dafür. Außer, es handelt sich wirklich um ein vom Stil und von der Verarbeitung her exzeptionelles Stück.
Auf Antikmärkten findet man häufig besonders interessante Objekte aus dem Art déco (Möbel, Gebrauchsgegenstände – teilweise aus dem auch schon sammelwürdigen Kunststoff-Bakelit – usw.) sowie Faszinierendes aus den 50er Jahren: von der Tütenlampe bis zum Mixer. Der traditionelle Antiquitätenhandel hat sich dieser Stücke – mangels Alters – noch nicht konsequent angenommen. Wer hier Entdeckereifer an den Tag legt, kann herrliche Funde machen. Vieles ist nicht so herausgeputzt wie in den einschlägigen Läden, die es für diese Epochen natürlich auch schon gibt, ist dafür aber meist billiger.

FLOHMÄRKTE

Das Angebot auf Flohmärkten ist naturgemäß sehr vielschichtig. Neben der anscheinend unvermeidlichen Neuware zwischen Kunstgewerbe und Kitsch wird das Angebot vom Trödel der letzten 50 Jahre dominiert: von der Wirtschaftswunderzeit bis in die 90er Jahre. Kinder bieten ihre ausgelatschten Fußballschuhe und ihre Comic-Hefte, die Erwachsenen den Trödel vom Hausstand der verstorbenen Oma oder das Ergebnis einer Entrümpelungsaktion an. Dazwischen preist ein Straßenverkäufer seinen „Wunder-Gemüsehobel". Ganz versteckt finden sich natürlich auch ein paar ältere Stücke: Taschenuhren, Schmuck, alte Koffer, Gläser, abgeschabtes Silberbesteck, zerzauste Teddys (aber selten ein wertvoller) und Steiff-Tiere ...
Fündig werden Sie hier vor allem unter zwei Gesichtspunkten. Zum einen, wenn Sie ganz einfach Ihren Hausstand billig durch praktische Gebrauchsgegenstände ergänzen wollen. Dann finden Sie hier für ein paar Mark eine Kaffeekanne, einen noch gebrauchstüchtigen Fön, ein erst

zehn Jahre altes Bügeleisen oder einen Satz Winterreifen fürs Auto. Zum anderen aber auch, wenn Sie etwas sammeln, was sich als Sammelobjekt noch nicht herumgesprochen hat.
Schon Balzac wußte: „Das Verdienst des Sammlers besteht darin, der Mode vorauszueilen." Dazu ein ganz aktuelles Beispiel: Die berühmt-berüchtigten Überraschungseier-Figuren – eine geniale Marketingidee der Firma Ferrero – haben eine ganz unglaubliche Karriere hingelegt. Noch vor ein oder zwei Jahren konnte man diese Figuren den Kindern auf dem Flohmarkt für wenige Pfennige abkaufen, was einige gewiefte Erwachsene auch getan haben. Heute gibt es bereits eigene Sammlerkataloge dafür.
Viele Sammeltrends der letzten Jahre fingen auf dem Flohmarkt an. Wer etwas sammelt, was erstens nicht allzu alt und zweitens noch nicht allgemein als Sammelobjekt entdeckt ist, der kann auf dem Flohmarkt fündig werden. Für etablierte Themen dagegen stehen die Chancen schlechter. Dies auch deshalb, weil erfahrene Händler ihrerseits in aller Frühe vor dem großen Massenandrang alles systematisch „abgrasen".
Manchmal freilich – mit etwas Glück und einem guten Riecher – können Sie auch hier ein Juwel entdecken: eine Art déco-Zigarettendose, eine hübsche Nippes-Figur, eine Meißener Zwiebelmuster-Terrine, vielleicht sogar eine bis zur Unkenntlichkeit umfrisierte Käthe-Kruse-Puppe. Auch auf dem Flohmarkt ist noch alles möglich. Hier sind noch Schätze zu haben, aber nur für den Frühaufsteher, der entweder ein unvoreingenommenes Auge besitzt, besonders findig ist oder sich sehr, sehr gut auskennt.

TRÖDELMÄRKTE

Sie stehen vom Angebot her in etwa zwischen Antikmarkt und Flohmarkt. Genau lassen sich die Begriffe nicht definieren. Die Veranstalter handhaben die Kriterien, was auf den Märkten zugelassen ist (z. B. Neuware und neues Kunsthandwerk), sehr unterschiedlich.

Warnung vor den schwarzen Schafen

Grundsätzlich können Sie auf allen diesen Märkten Schnäppchen machen und interessante Dinge finden. Trotzdem soll eine ernstzunehmende Warnung ausgesprochen werden: Immer wieder wird auf Antikmärkten – neben durchaus seriösen Antiquitäten und schönen alten Dingen – auch sehr Zweifelhaftes in betrügerischer Absicht angeboten. Schauen Sie sich einmal die Annoncen in einschlägigen Sammlerzeitschriften an, in denen zahlreiche Hersteller im In- und Ausland Repliken anbieten. Vor allem von abgelaugten Bauernmöbeln, aber auch Biedermeier- und Jugendstilmöbeln sowie alten Lampen, Bronzeplastiken, Schaukelpferden, Vogelkäfigen etc. ist da die Rede, und zwar bezeichnenderweise mit der Einschränkung „nur an Wiederverkäufer".
Die Hersteller machen sich noch nicht strafbar. Sie verkaufen ihre Stücke ganz offiziell als Repliken oder Nachbauten (teilweise „aus altem Holz"!). Doch fraglich ist, ob alle Händler so korrekt sind, sie als solche weiterzuverkaufen, oder ob vielleicht da aus dem nachgebauten Bauerntisch nicht im Handumdrehen ein echter wird ...?

Die Preise

Zu den Preisen läßt sich eigentlich nur so viel sagen, daß der Flohmarkt nicht der Ort ist, um große Summen springen zu lassen. Wie so oft, bestätigen auch hier Ausnahmen die Regel. Doch die wertvollen Dinge findet man normalerweise – im Gegensatz zu früher – dort nicht mehr. Und wenn doch, dann meist nur deshalb, weil eben niemand erkannt hat, daß es sich um ein wertvolles Stück handelt. Dann brauchen Sie es aber auch nicht teuer zu bezahlen.
Viel häufiger jedoch wird nur scheinbar Wertvolles – Fälschungen, schlechter Erhaltungszustand – zu einem scheinbar angemessenen Preis verkauft. Angemessen wäre der Preis aber nur dann, wenn das Objekt entweder echt oder gut erhalten oder am besten beides wäre. Das ist es leider

oftmals aber nicht. Dann hat man Sie übers Ohr gehauen. Und im Gegensatz zum Einkauf beim Antiquitätenhändler haben fliegende Händler keine offizielle Adresse, an die Sie sich wenden können. Rechnungen werden sowieso meist nicht geschrieben und noch weniger schriftliche Zusicherungen über die Eigenschaften des gekauften Objektes gemacht.

Daher mein Rat: Entweder Sie sind sich bei einem relativ teuren Kauf Ihrer Sache wirklich hundertprozentig sicher und lassen sich die Händlerangaben am besten auch noch schriftlich bestätigen. Oder das Stück kostet nicht viel. Dann ist ein Fehlkauf nicht so tragisch und, abgesehen von der verletzten Eitelkeit, leicht zu verschmerzen.

KAPITEL VI – SCHATZSUCHE AUF DEM SPERRMÜLL

Für die wahren „Jäger und Sammler", die noch das echte Abenteuer suchen, gibt es eine Möglichkeit, sich direkt „an der Quelle" mit alten Gegenständen einzudecken, und zwar kostenlos: auf dem Sperrmüll. Von hier beziehen auch viele Flohmarkt-Händler ihre Ware. Und warum jenen Geld bezahlen, wenn es auch kostenlos geht?

Leider sind die goldenen Zeiten der sensationellen Sperrmüllfunde vorbei. Die waren Ende der 60er Jahre, als das Wirtschaftswunder auch den letzten Bundesbürger eingeholt hatte. Nicht nur wurde „endlich" der Stuck von den Fassaden und Wohnungsdecken geschlagen, sondern mit Grandezza auch das ganze „alte Graffel" – sprich die Massivholzeinrichtung, die immerhin ein oder zwei Weltkriege und wer weiß, was nicht noch alles überdauert hatte – rausgeworfen und durch furnierte Preßspan-Möbel und Schleiflack ersetzt. Neu, modern, hygienisch-sauber und pflegeleicht sollte alles sein!

Daran glauben mußte vom Barock über Biedermeier, Jugendstil und Art déco eigentlich alles, was uns heute so kostbar ist. Wer damals gegen den Trend schwamm, der konnte buchstäblich ein Vermögen auf der Straße auflesen.

So hat ein Händler aus München aus dem Sperrmüll ein komplettes Schlafzimmer nach einem Entwurf des berühmten belgischen Jugendstilkünstlers Henry van de Velde gefischt. Restauriert und wieder hergerichtet, konnte er es dann sehr teuer an ein Museum verkaufen.

Nachdem dann alles, was alt und schön war, auf dem Müll gelandet war, rollte in den 70ern plötzlich die Nostalgiewelle heran. Und wie das mit Moden so ist, war mit einemmal nur noch das gefragt, was irgendwie alt und abgeschabt war, egal von welcher Qualität und wie gammelig.

Was gibt es dort?

Trotzdem kann man auch heute durchaus noch Schnäppchen auf dem Sperrmüll machen. Echte Antiquitäten wird man dort allerdings kaum mehr finden. Dafür aber Gegenstände, die noch nicht als wertvoll und als Sammelobjekte erkannt wurden: also Stücke aus den 60ern und 70ern, technische Antiquitäten (z. B. Radios), alte Bürogeräte (z. B. Schreibmaschinen und Rechenmaschinen) oder Computer aus der Steinzeit usw.
Generell gilt hier: Wer findig und kreativ ist und ein Gespür für kommende Trends hat, der kann hier manches Brauchbare und Erhaltenswerte finden. Und ganz nebenbei ist unter dem Gesichtspunkt des Umweltschutzes auch der Recycling-Effekt nicht zu verachten.

Wann und wo?

Grundsätzlich ist die Suche auf dem Sperrmüll nur eine Angelegenheit für zähe und furchtlose Naturen. Schließlich ist es nicht jedermanns Sache, sich – meist bei Nacht und unter den Augen eventuell mißtrauischer Anwohner – am Abfall fremder Menschen zu schaffen zu machen. Aber es soll Leute geben, die – nach ersten Erfolgen – vom Jagdtrieb angestachelt, unbekümmert Wind, Wetter, dunkler Nacht und schweren Schreibtischen und Kühlschränken trotzen.
Voraussetzung für die Suche sind zuallererst zuverlässige Informationen. Von Stadt zu Stadt, von Landkreis zu Landkreis und Gemeinde zu Gemeinde wird die Sperrmüllentsorgung nämlich unterschiedlich gehandhabt.

Sperrmüllentsorgung der Gemeinden

Die eine Methode besteht darin, den Sperrmüll zu bestimmten Zeiten in bestimmten Bezirken abzuholen. Wenn also als Termin ein Dienstag festgesetzt ist (abgeholt wird meist in der Frühe), dann können Sie davon ausgehen, daß am Montagabend ab 19 Uhr in einem bestimmten Stadtteil die Gehwege ein breites Angebot mehr oder weniger interessanter Objekte präsentieren. Sie müssen sich nur vorher bei der Stadt- oder Gemeindeverwaltung einen Sperrmüllplan geben lassen.

Bei der anderen Methode bitten die Bürger persönlich bei der Verwaltung um die Abholung ihres Sperrmülls. Sind genug Interessenten in einem bestimmten Bezirk zusammengekommen, dann werden diese über den festgesetzten Termin informiert. Für den Sperrmüll-Schatzsucher ist diese Methode natürlich nicht so bequem wie die Abholung nach einem allgemeinen Plan. Häufig werden nämlich die Gegenstände von den Abholern direkt aus dem Keller oder dem Dachboden geholt. Auf der Straße steht dann nichts.

Außerdem gibt es in manchen Städten sogenannte Sperrmüllplätze, wo die Leute ihren Sperrmüll persönlich abgeben können. Teilweise werden dort noch gute Stücke gegen relativ geringe Summen zum Verkauf angeboten. Aber erstens ist es natürlich nicht umsonst, und zweitens sind dann die Raritäten schon ausgefiltert.

Am besten, Sie fragen bei Ihrer Stadt- oder Gemeindeverwaltung nach, wie das an Ihrem Wohnort gehandhabt wird.

RECHTLICHE ASPEKTE

Die rechtliche Situation für das Aufsammeln von Sperrmüll ist nicht ganz eindeutig. Grundsätzlich ist alles, was da am Straßenrand steht, Eigentum der Stadt oder der Gemeinde. Da diese die Sachen aber meist sowieso auf den Müllplatz fährt, ist es ihr normalerweise egal, ob sich da vorher noch jemand bedient. Und wo kein Kläger, ist auch kein Angeklagter.

Aber es gibt natürlich auch Zeitgenossen, die anderen nicht mal das gönnen, was sie selbst weggeworfen haben. Wenn es hier Ärger gibt, dann lieber weiterfahren (Sie können ja später noch mal vorbeikommen ...). Außerdem haben manche Sperrmüllsucher – teilweise durchaus zu Recht - einen schlechten Ruf, weil sie alles, was sorgfältig zusammengepackt und ordentlich hergerichtet ist, durchwühlen und ein wahres Chaos auf dem Gehsteig hinterlassen. Verstreute Gegenstände und aufgerissene Tüten nimmt dann nicht mal mehr der Sperrmüll mit. Da sitzen die Leute dann wieder mit ihrem Müll, und es kommt Ärger auf. Also: aufpassen, mitdenken, Tüten wieder verschließen und kein Chaos hinterlassen. Konflikte vermeiden!

Die meisten Leute freuen sich jedoch, wenn das, was sie nicht mehr brauchen können, vielleicht für andere noch von Nutzen ist. Da wird der Sperrmüllsucher dann freundlich begrüßt, es wird beim Einladen geholfen. Und mit etwas Glück werden sogar noch weitere Schätze aus dem Keller oder vom Dachboden herbeigeschafft.

In manchen Fällen ist es nicht ganz klar, ob das, was da auf der Straße steht, Sperrmüll ist oder nicht. Manche Fahrräder sehen so aus als ob, sind es aber nicht. Also im Zweifelsfall lieber nachfragen.

Überhaupt Fahrräder: Da viele gestohlene Räder kursieren, kann man auch leicht mal eines auf dem Sperrmüll erwischen und bei einer Kontrolle später Ärger bekommen. Zur Sicherheit immer Rahmennummer und den Ort, an dem das Rad aufgegabelt wurde, notieren!

Für findige Sucher gibt es neben dem Sperrmüll auch noch Container (manchmal sehr interessant beim Abriß von Häusern) und Haushaltsauflösungen, die wahre Schätze bergen können.

KAPITEL VII - KUNST UND ANTIQUITÄTEN VON PRIVAT

Der Kauf von privat spielt sich meistens über Kleinanzeigen ab. Vor allem in den Wochenendausgaben der überregionalen Tageszeitungen, etwa der *Frankfurter Allgemeinen* oder der *Süddeutschen Zeitung*, finden sich zahlreiche Anzeigen, in denen Privatleute überwiegend Einzelstücke zum Verkauf anbieten. Manchmal verbergen sich hinter den Anzeigen allerdings auch Händler.

Das Spektrum reicht vom hochkarätigen (im wahrsten Sinne des Wortes) Brillanten über eine Sammlung von „Gemüse-Swatchs" bis zur Biedermeier-Kommode. Auch Druckgraphiken - vor allem moderne - werden viel offeriert.

Grundsätzlich ist es bei dieser Art des Einkaufs wie meistens im Leben: Ausnahmen bestätigen die Regel. Doch generell braucht man hier einige Erfahrung und viel Glück, wenn man nicht auf die Nase fallen will. Wie beim Kauf auf dem Flohmarkt haben Sie wenig Möglichkeiten, sich zu wehren und Ihr Recht zu bekommen, wenn Sie später entdecken, daß Sie zuviel bezahlt und dazu nicht mal das erhalten haben, was Ihnen versprochen wurde.

Wenn Sie sich dagegen gut auskennen - wer weiß, vielleicht gelingt es Ihnen dann, ein interessantes Objekt aufzutun. Oft haben jedoch Privatleute völlig überzogene Vorstellungen vom Wert ihres „Familienerbstücks" etc. Da werden absolut utopische Preise für alte Wohnzimmerkredenzen von provinzieller Herkunft und zweifelhaftem Stil verlangt, mit der Begründung, das Stück sei sehr alt. Aber erstens ist Alter etwas Relatives. Für den gehobenen Antiquitätenhandel beginnt das „Alter" erst beim Biedermeier, also vor 1840. Außerdem macht Alter allein ein Objekt noch nicht wertvoll. Und für eventuell geforderte 5.000 Mark könnten Sie mit etwas Glück eine echte Barock-Kommode ersteigern.

Vorsicht vor ...!

Eine andere Kategorie von Anbietern versucht, mit ihren Angeboten bewußt einen falschen Eindruck zu erwecken. Da ist dann beispielsweise vom „Barockstil“ die Rede. Das Thema wurde bereits im Zusammenhang mit Objektbeschreibungen in Auktionskatalogen angesprochen (siehe Seite 41). Ein häufig verwendeter Begriff ist beispielsweise der „Wiener Barock“. Dieser für den Laien mißverständliche Fachausdruck bezeichnet eine Wiederaufnahme anmutig und gefällig – eben barock – geschwungener Möbelformen in der zweiten Hälfte des 19. Jahrhunderts, vor allem bei Sofas und Sitzgruppen. Mit dem eigentlichen Barock im 17. und 18. Jahrhundert hat dieser „Wiener Barock“ nichts zu tun. Ebenso gibt es gegen Ende des 19. Jahrhunderts ein sogenanntes „Zweites Biedermeier“. Diese Möbel sind oft ganz hübsch und praktisch, liegen preislich aber deutlich unter echten Biedermeier-Möbeln vom Beginn des 19. Jahrhunderts.
Auch bei Schmuck und Teppichen heißt es aufgepaßt. Wer kann schon Gewicht, Farbe, Schliff und Lupenreinheit eines Brillanten richtig beurteilen? Und bei – vor allem moderner – Druckgraphik wird erschreckend vieles in riesigen Auflagen oder auch häufig genug im Offsetdruck Hergestellte als Originalgraphik angeboten. Wer hier nur klangvolle Künstlernamen wie zum Beispiel Dalí, Picasso und Chagall kauft, der gibt leicht viel zuviel Geld aus.
Erfolgversprechender sind sicherlich die Kleinanzeigen in den einschlägigen Sammlerzeitschriften, etwa dem *Sammler-Journal* oder dem *Trödler.* Hier bieten neben spezialisierten Händlern häufig wirkliche Sammler Stücke zum Verkauf an. Gerade wer sich für ganz bestimmte Sammelgebiete interessiert, kann hier fündig werden. Und wer spezielle Stücke sucht, der kann hier auch preisgünstig eine Suchanzeige aufgeben.

Kapitel VIII – Aufgepasst beim Einkauf!

Fälschungen

Generell kann konstatiert werden, daß alles, was begehrt und teuer ist, auch gefälscht wird. Egal, ob es sich um Rolex-Uhren, Louis-Vuitton-Taschen oder Levis-Jeans handelt. Und der Bereich Kunst und Antiquitäten ist davon besonders stark betroffen.
Das Fälschen von Kunstwerken kann auf eine lange Tradition zurückblicken. Bereits in der Antike fälschten römische Künstler griechische Originale. Und während der Renaissance setzte mancher Künstler nicht nur aus Geldgier, sondern aus Eitelkeit seinen Ehrgeiz daran, ein Werk zu schaffen, das die Kenner für ein antikes hielten. Berühmtestes Beispiel dafür ist Michelangelo.
Die Gefahr, einer Fälschung aufzusitzen, ist von Gebiet zu Gebiet sehr unterschiedlich. Grundsätzlich ist niemand davor gefeit. Doch häufig hilft bei der Einschätzung der Lage bereits der gesunde Menschenverstand.

Kopien

Bei Möbeln beispielsweise wurden im 19. und 20. Jahrhundert zahllose Kopien nach Stücken vor allem des 18. Jahrhunderts gefertigt, im späten 19. und frühen 20. Jahrhundert auch im Stil des Biedermeier. Diese Kopien wurden allerdings nur zu einem relativ geringen Prozentsatz in betrügerischer Absicht gefertigt. Zu ihrer Zeit wurden sie als „Stilmöbel" verkauft, genauso wie das heutzutage ja auch noch üblich ist.
Im Unterschied zu heutigen Stilmöbeln, die aufgrund ihrer Stilisierung und der maschinellen Verarbeitung leicht als solche zu erkennen sind,

wurden die Stilmöbel des 19. Jahrhunderts teilweise noch in guter alter Handwerksmanier durch Möbeltischler hergestellt. Fachleute können häufig gewisse Unterschiede bereits in der Fertigungsweise erkennen. Außerdem ist das Stilempfinden des 19. Jahrhunderts ein anderes als das des 18. Jahrhunderts. Wird ein Möbel nicht exakt kopiert, sondern nur nachempfunden, dann sieht und spürt ein geübter Möbelkenner das auf Anhieb. Für Laien sind diese Unterschiede allerdings oft schwer nachzuvollziehen.

Moderne Möbelkopien in betrügerischer Absicht konzentrieren sich vor allem auf bestimmte Stile und Möbeltypen. Beliebt sind Weichholz-Möbel im Bauernstil, die sich relativ leicht und preiswert nachbauen lassen. Da die meisten Käufer diese Möbel vor allem in abgebeiztem Zustand schätzen, müssen sich die Fälscher auch keine Mühe mit einer etwaigen Patina geben. Ein paar in die abgelaugte Oberfläche gekratzte Gebrauchsspuren genügen häufig, um den Eindruck eines angemessenen Alters hervorzurufen.

Hersteller und Händler bewegen sich hier in einer Grauzone. Meist bieten erstere ihre Produkte ganz offiziell als Nachbauten und Repliken an, allerdings mit der Einschränkung „Abgabe nur an Wiederverkäufer“. Blättern Sie einmal durch den Anzeigenteil der einschlägigen Sammlerzeitschriften. Sie finden da ein erstaunliches Angebot, nicht nur an Bauernmöbeln, sondern auch an Biedermeier- und Jugendstilmöbeln sowie beispielsweise an alten Lampen. Sind diese Stücke dann beim Händler gelandet, wird häufig aus der Replik ein echtes Stück ...

Aufgepaßt vor allem bei Objekten, die gar zu sehr dem gerade modischen Geschmack und unseren Lebens- und Wohngewohnheiten entgegenkommen! So viele praktische Ausziehtische, Vitrinenschränke und Sekretäre gab es in früherer Zeit niemals in den Bauernstuben.

Oft wurden allerdings Möbel auch in früheren Zeiten rein aus praktischen Erwägungen umgebaut oder verändert. Schließlich handelt es sich ja um stark beanspruchte Objekte. Immer mal wieder mußte ein Teil – seien es die Füße oder die Beschläge – repariert oder ergänzt werden.

Stilistische Veränderungen und Restaurierungen

Häufig werden jedoch auch heutzutage an den Möbelstücken Veränderungen angebracht, um sie modernen Bedürfnissen und dem aktuellen Zeitgeschmack anzupassen. Beispielsweise sind zur Zeit Biedermeier-Möbel - vor allem Sekretäre - mit schwarzgelackten Partien besonders gesucht. Diese Stücke sind allerdings selten. Und so hilft man manchmal beim Restaurieren ein wenig nach.
Verbreitet sind auch sogenannte „Mariagen" (dt. Hochzeiten). Dabei wird aus einem normalen Kleiderschrank durch geschickten Umbau eine wesentlich begehrtere Vitrine oder ein Bücherschrank. Aus einer barocken Aufsatzkommode fertigt man hurtig zwei handliche und gefällige Kommoden. Diese entsprechen eher unseren Einrichtungsbedürfnissen und sind deshalb leichter absetzbar.
Über lange Jahre hinweg schätzten die Käufer vor allem die unbemalten, „rustikalen" Bauernmöbel. Da diese aber häufig traditionell prächtig und bunt bemalt waren, wurden zahllose kulturgeschichtlich bedeutende Objekte unwiederbringlich vernichtet, indem die Schränke und Truhen einfach abgebeizt wurden, um dem momentan modischen Schick zu entsprechen. Als sich später die Mode wieder änderte, brachte man an den Möbelstücken gefälschte „alte Bauernmalerei" an. Tragisch, aber wahr!

Möglicher Schutz

Wenn diese Kopien, Veränderungen und Restaurierungen deklariert und preislich berücksichtigt werden, liegt der Erwerb im Ermessen des Möbelkäufers. Vielen ist es im Grunde gleichgültig, ob die Kommode wirklich aus dem 18. Jahrhundert stammt. Hauptsache sie gefällt und erfüllt ihren Zweck, auch wenn sie nicht 200, sondern erst 100 Jahre alt ist. Kriminell wird die Sache erst, wenn für dieses Stück die Summe einer originalen Rokoko-Kommode verlangt wird. In diesem Zusammenhang soll allerdings noch darauf hingewiesen werden, daß gewisse Möbel des 19. Jahrhunderts - vor allem eben „Rokoko-Stil" - wegen ihrer funktio-

nalen Art und der handwerklich hervorragenden Arbeit durchaus und ganz offiziell teuer bezahlt werden.
Schützen können Sie sich vor unliebsamen Überraschungen entweder dadurch, daß Sie nur preiswerte Stücke erwerben. Hier lohnt sich das Fälschen meist nicht, und für ein entsprechendes neues Stück müßten Sie die gleiche Summe anlegen. Oder Sie erwerben teure Stücke im seriösen Auktions- und vor allem Antiquitätenhandel. Hier sind Fachleute am Werk, die Sie kompetent beraten. Und lassen Sie sich bei einem Kauf, wie schon zuvor beschrieben (siehe Seite 62 f), eine präzise und ausführliche Rechnung geben, aus der die genauen Eigenschaften des Stücks hervorgehen.

Gefälschte Bilder

Ähnlich sind die Probleme und Gefahren beim Erwerb von Gemälden. Häufiger als auf Fälschungen treffen Sie hier auf Verfälschungen: falsche Zuschreibungen, Datierungen, Restaurierungen. Nicht alle diese falschen Angaben werden jedoch in betrügerischer Absicht gemacht. Selbst die Kunsthistoriker sind ihrer Sache oft nicht sicher. Denken Sie beispielsweise an den „Mann mit dem Goldhelm". Das vielleicht bekannteste und über lange Jahre hin das vielleicht auch populärste Gemälde Deutschlands. Dann stellte sich heraus: Es stammt gar nicht von Rembrandt. Alle Magie, alle mythischen Deutungsversuche, die dieses vermeintliche Meisterwerk Rembrandts auf sich gezogen hatte, relativierten sich plötzlich. Das alles war jedoch ohne betrügerische Absicht geschehen. Man weiß es oft einfach nicht besser.
Wichtig für ein Gemälde sind möglichst zahlreiche sicher dokumentierte Daten: Name des Künstlers, Titel des Werks, Material und Technik, Entstehungszeit, Provenienz (d. h. die Herkunft des Werks bzw. Vorbesitzer), Ausstellungen, Erwähnung und Würdigung in der Literatur.
Im Idealfall ist ein Werk eindeutig vom Künstler signiert und datiert. Es wurde nie verfälschend restauriert. Man weiß genau, durch welche Hände es im Laufe der Jahrzehnte oder Jahrhunderte gegangen ist (Proveni-

enz). Und die kunstwissenschaftliche Literatur hat sich mit dem Werk oder zumindest mit dem Künstler befaßt. Je mehr solcher Daten zusammenkommen, um so „sicherer", bedeutender und daher auch teurer ist ein Kunstwerk.

Sie werden häufig die Erfahrung machen, daß ein Gemälde hervorragender künstlerischer Qualität, aber von einem unbekannten Künstler wesentlich günstiger angeboten wird als eines von schwächerer Qualität, aber eindeutig signiert und datiert.

Was Fälschungen angeht, ist die heutige Wissenschaft natürlich durchaus in der Lage, zahlreiche betrügerische Machenschaften aufzudecken. Vor allem das Alter und die Zusammensetzung der verwendeten Materialien ist heute mit speziell entwickelten naturwissenschaftlichen Methoden ziemlich eindeutig festzustellen: Wenn das Gemälde einer mittelalterlichen Madonna ein Pigment aufweist, das erst im 19. Jahrhundert bekannt wurde, kann es nicht echt sein.

Die Naturwissenschaftler stoßen allerdings an ihre Grenzen, wenn beispielsweise Zeichnungen mit traditionell hergestellter Tusche auf altem Papier gefälscht werden. Oder die Zuschreibung an einen bestimmten Künstler erfolgen soll. Hier ist stilkritische Kompetenz gefragt.

FÄLSCHUNGEN BEI DRUCKGRAPHIKEN

Ein weites Feld der Fälschungen bietet vor allem die moderne Druckgraphik. Auf all die Fallstricke und Probleme in diesem Bereich einzugehen, würde den Rahmen dieses Buches sprengen. Wollen Sie sich auf diesem Gebiet stärker engagieren, kann ich Ihnen nur raten, sich ein solides Grundwissen über die verschiedenen Drucktechniken anzueignen. Vieles, was als Original und als künstlerisch wertvoll angeboten wird, ist reine Reproduktion. Ähnliche Probleme treten übrigens auch bei Auflagen und Nachgüssen von Bronzeplastiken auf. Und im Bereich der Graphik – vor allem was die klassische Moderne und gewisse modische Hauptkünstler wie Miró und Dalí betrifft – kursieren auf dem Markt massenhaft Fälschungen. Außerdem kommen diese Werke – auch die

von Hundertwasser, Penck usw. gehören dazu – dem gerade herrschenden breiten Publikumsgeschmack so sehr entgegen, daß sie, gemessen an ihrem künstlerischen Wert, weit überteuert sind.
Machen Sie sich also die Mühe, und suchen Sie sich einen Künstler aus, der weniger bekannt ist und bei dem das Preis-Leistungs-Verhältnis zusammenpaßt. Lassen Sie sich beraten, und kaufen Sie nur bei vertrauenswürdigen Galeristen. Außerdem tun Sie damit etwas für einen Künstler, der wirklich von seiner Kunst leben muß, anstatt nur die raffgierigen Erben alter Meister zu befriedigen. Merke: Wer gutes Geld für überteuerten Schund ausgibt, hat nicht nur den Schaden, sondern er verdirbt auch den Markt.

GEFÄLSCHTE ANTIQUITÄTEN

Fälschungen, Umbauten und Umdeklarierungen gibt es aber auch im weiten Bereich der Antiquitäten. So können bei Glasgegenständen die alten Signaturen entfernt und neue – teurere natürlich! – angebracht werden. Gerade bei Stempeln, Marken und Signaturen ist das Feld der Verfälschungen ein sehr weites. Die Stücke sind zwar nicht nachgemacht und stammen meist durchaus aus der gewünschten Epoche, sind dann aber von einem anderen Künstler, einer anderen Manufaktur oder entstammen einer anderen Landschaft.
Selbst auf den neuen Sammelgebieten wird schon fleißig verfälscht. So erhält eine jüngere Barbie den Kopf einer frühen Puppe, die ungleich wertvoller ist. Man ergänzt fehlende Arme und Beine und ändert die Haarfarbe, um das Stück zu einer Rarität zu machen.
Es gäbe tausend Geschichten zu erzählen. Und den findigen Betrügern fällt immer wieder Neues ein. Hundertprozentig schützen kann man sich nie. Jeder Sammler wird Lehrgeld bezahlen müssen. Den besten Schutz gewährt jedoch ein solides Wissen über das Sammelgebiet sowie gründliches Begutachten vor dem Kauf. Wer seinen Bereich kennt, weiß, wie die Stücke einzelner Künstler, Firmen und Hersteller aussehen – er entwickelt ganz einfach ein gewisses intuitives Stilgefühl! –, und spürt rela-

tiv schnell, wenn etwas nicht stimmt. Die meisten Fälschungen sind sehr plump gemacht. Wer ein bißchen gewitzt ist, sollte auf diese nicht hereinfallen.

EXPERTISEN

Vor allem im Bereich der Gemälde und Graphiken wird sowohl im Auktions- als auch im Kunsthandel sehr häufig mit Expertisen argumentiert und verkauft. Jeder Käufer sollte sich jedoch vor Augen halten, daß die Kunstgeschichte bis heute noch keine exakte Wissenschaft ist. Selbst anerkannte Kunsthistoriker können sich bisweilen bei einer Zuschreibung irren. Berühmt-berüchtigte Beispiele dafür sind ja bekannt.
Das Ausstellen von Expertisen hat sich in diesem Maße erst seit ungefähr 100 Jahren eingebürgert, und das, obwohl der Kunsthandel schon seit Tausenden von Jahren existiert. Expertisen kamen mit dem verstärkten Auftreten reicher Amerikaner als Kunstsammler auf. Diese hatten das große Geld, um ab Ende des letzten und zu Beginn dieses Jahrhunderts in großem Stil Europa nach Kunstschätzen abzugrasen. Während die Kunstsammler früherer Jahrhunderte häufig genug ausgezeichnete Kenner waren, die sich selbst ein Urteil über die Kunstwerke bilden konnten, fehlte den Amerikanern oft dieses Wissen. Wenn sie sich dessen bewußt waren, wandten sie sich hilfesuchend an anerkannte Kunsthistoriker und Museumsfachleute, um nicht – wie es oft vorkam – von geschäftstüchtigen Händlern über den Tisch gezogen zu werden. Und großzügig wie Amerikaner nicht selten sind, bezahlten sie diese „Expertisen" fürstlich.
Auf diese Art und Weise entstand ein eigener Gewerbezweig, der eine ganze Reihe von Leuten recht einträglich ernährte. Als in der Boomzeit der 70er und 80er Jahre unseres Jahrhunderts ungeheure Geldmengen irgendwie angelegt werden sollten, profitierte davon auch der Kunstmarkt. Viele wohlhabende Leute kamen plötzlich auf die Idee, ihr Geld in Kunstwerken anzulegen. Und da sie von der Sache nichts verstanden, aber bereit waren, dafür viel Geld auszugeben, waren Expertisen gefragt.

Erstaunlicherweise verlieren selbst Leute, die im Geschäftsleben erfolgreich agieren und ihren Mann stehen, teilweise jegliche Vernunft, wenn man ihnen Spekulationsgewinne verspricht, auch wenn sich diese nur auf Gutachten zweifelhafter Herkunft stützen.
Überhaupt benötigt nur eine bestimmte Kategorie von Kunstwerken eine Expertise: völlig anonyme und nicht durch andere Dokumente zweifelsfrei zugeordnete Werke sowie solche mit eventuell gefälschter Signatur.

Vereidigte Gutachter sind am sichersten

Hier finden dann allerdings Pseudowissenschaft und Geschäftemacherei ein reiches Betätigungsfeld vor. So existieren viele rein fiktive Expertisen von selbsternannten „Experten", die ihre Unfähigkeit hinter blumigen Wortkaskaden und leeren Satzhülsen verbergen. Dann gibt es Gefälligkeitsgutachten von Witwen, die es oft nicht besser wissen, denen es nicht so genau darauf ankommt oder die auch endlich ein Stück vom großen Kuchen haben wollen. Selbst anerkannte Koryphäen wählen, wenn sie sich nicht ganz sicher sind, manchmal den opportuneren und lukrativeren Weg. Denn eines haben viele Gutachter gemeinsam: Sie lassen sich prozentual am Erlös des begutachteten Objekts beteiligen ...
Am zuverlässigsten sind da noch immer die öffentlich bestellten und vereidigten Gutachter, bei denen man darauf bauen kann, daß sie nach bestem Wissen und Gewissen argumentieren. Namen und Adressen erfahren Sie bei Ihrer örtlichen Handelskammer.
Grundsätzlich sollten Sie Expertisen jedoch nicht überbewerten. Am besten sollte sich der Gutachter als Forscher und Publizist in dem Bereich oder über den Künstler, den er beurteilt, einen anerkannten Namen gemacht haben. Vieles andere ist oft nur Schall und Rauch.
Grundsätzlich machen sich Gutachter schadensersatzpflichtig, wenn sie nachweisbar oder fahrlässig eine falsche Expertise abgeben. Da im Bereich der Kunstwissenschaft unabsichtlich häufig falsch geurteilt und zugeschrieben wird, ist jedoch eine böswillige Absicht nur selten nachzuweisen. Fahrlässigkeit liegt allerdings auf jeden Fall vor, wenn der

Gutachter das Original gar nicht kennt, nur nach Fotos – manchmal sogar Schwarzweißfotos! – urteilt und die eventuell vorhandene Fachliteratur nicht oder nur ungenügend heranzieht.
Vertrauenswürdiger sind mitunter die schon erwähnten naturwissenschaftlichen Methoden, die allerdings nur begrenzte, dafür aber einigermaßen verläßliche Auskunft geben können. Stilistische Feinheiten und künstlerische Qualität bleiben den exakten Wissenschaften bislang jedoch noch verschlossen. Ob das hübsche Bild mit den Schafen vom berühmten Zügel persönlich oder zur gleichen Zeit von einem seiner Schüler gemalt wurde, das kann mit einiger Sicherheit – wenn überhaupt – nur der Kenner beurteilen.
Der beste Rat: Halten Sie die Augen auf. Bilden Sie sich selbst eine Meinung. Seien Sie mißtrauisch, wenn gar zu viele Expertisen aufgefahren werden.

KAPITEL IX - KUNST UND ANTIQUITÄTEN ALS KAPITALANLAGE

Bei der Betrachtung von Kunst, Antiquitäten und Sammelobjekten unter dem Gesichtspunkt einer Kapitalanlage sollten Sie sich über eines grundsätzlich im klaren sein: Es ist immer sehr viel leichter, Stücke zu kaufen, als sie wieder zu verkaufen. Sollte der Verkauf einmal nötig sein, sind die meisten anderen Kapitalanlagen einfacher und schneller zu Geld zu machen als ausgerechnet Kunst und Antiquitäten. Daher sollte überhaupt nur ein bestimmter Teil des zur Verfügung stehenden Anlagekapitals in diesen Bereich investiert werden.

Generell funktioniert der Kunstmarkt hauptsächlich mit Geld, das die Leute übrig haben. Überschüssiges Geld gibt es meist in konjunkturstarken Zeiten. Die verstärkte Nachfrage führt dann schnell zu steigenden Preisen. Wer in dieser Zeit teuer einkauft, in der Hoffnung, später noch teurer zu verkaufen, kann leicht enttäuscht werden. Denn werden die Zeiten allgemein schlechter, wollen viele Kapitalanleger verkaufen, und die Preise sinken.

ZEHN GOLDENE REGELN FÜR IHREN WIEDERVERKAUF

Soll der Wiederverkauf gewinnbringend sein, dürfen Sie nicht zu teuer eingekauft haben. Um überhaupt nur Ihren Einsatz herauszubekommen, müssen Sie beim Verkauf zumindest folgendes erhalten: den damaligen Einkaufspreis plus Ihre etwaigen Nebenkosten plus die Verzinsung Ihres eingesetzten Kapitals oder zumindest die Inflationsrate.

Verkaufen Sie jedoch ein Stück an einen Händler, dann bezahlt er Ihnen im Normalfall maximal die Hälfte des eigentlichen Wertes. Der Rest ist seine Handelsspanne. Und beim Verkauf über eine Auktion fällt zu Ihren Lasten zumindest die Provision des Versteigerers an. Das heißt, allein dafür, daß Sie beim Verkauf keinen Verlust erleiden, muß der Marktwert

Ihres Objektes etwa 15 bis 20 Prozent gestiegen sein. Eine solche oder gar höhere Steigerung war allerdings in den 70er und 80er Jahren gar nicht so selten.

Eines müssen Sie sich jedenfalls vor Augen halten: Sie verdienen Ihr Geld hier nicht leichter als mit irgendeinem anderen Spekulationsobjekt, eher schwerer. Auch hier kommen Sie nur mit fundiertem Hintergrundwissen und Professionalität zu einem ehrlich erworbenen Vermögen. Um dies zu erreichen, sollten Sie die folgenden **zehn goldenen Regeln** beachten:

Regel 1: Verschaffen Sie sich ein profundes Fachwissen über den Bereich, in dem Sie kaufen und verkaufen wollen.

Regel 2: Setzen Sie sich intensiv mit der Fachliteratur auseinander. Besuchen Sie Museen und entsprechende Sammlungen. Pflegen Sie Kontakte zu Fachleuten und Sammlern.

Regel 3: Verschaffen Sie sich eine gründliche Kenntnis der Branche und ihrer Fallstricke.

Regel 4: Informieren Sie sich über die rechtliche Situation im Kunsthandel.

Regel 5: Kaufen Sie günstig ein. Denn die altehrwürdige, wichtigste und immer noch gültige Kaufmannsweisheit lautet: Im Einkauf liegt der Gewinn!

Regel 6: Pflegen Sie ein antizyklisches Verhalten, und erkennen Sie kommende Trends rechtzeitig, denn auch das bedeutet, günstig einzukaufen.

Regel 7: Schulen Sie Ihr Gespür für Qualität.

Regel 8: Kaufen Sie erstklassige Qualität, denn die verkauft sich relativ leicht.

Regel 9: Außerdem brauchen Sie alle Kenntnisse und Stärken, Tricks und Strategien eines guten Kaufmanns.

Regel 10: Haben Sie Spaß an der Sache, denn Sie werden andere von Ihren Objekten überzeugen müssen.

Garantiert die beste und sicherste Verzinsung des investierten Kapitals stellt aber immer noch die Freude an Kunst und Antiquitäten dar. Daß die Sammlung ja schließlich auch etwas wert ist und vielleicht im Wert sogar noch steigt, das sollte nur eine vordergründige Rechtfertigung uns selbst und verständnislosen Zeitgenossen gegenüber sein. In Wirklichkeit geht es um den Besitz von schönen und interessanten Dingen und um die Befriedigung der Sammelleidenschaft als solcher. Und das ist ganz gut so. Stehen wir dazu, und lassen wir uns nicht zu scheinbar rationalen Erklärungen herab. Das haben wir gar nicht nötig!

KAPITEL X - DIE BESTEN INFORMATIONSQUELLEN

Information und ein möglichst großes Wissen über sein Sammelgebiet sind für jeden, der sich mit Kunst, Antiquitäten und dem Sammeln beschäftigt, die beste Versicherung gegen Fehlkäufe und gleichzeitig die beste Voraussetzung, günstig ein Schnäppchen zu erjagen. Informieren können Sie sich am besten in Museen, Fachzeitschriften, allgemeiner Kunst- und spezieller Fach- und Sammlerliteratur.

MUSEEN IN DEUTSCHLAND, ÖSTERREICH UND DER SCHWEIZ, NACH SAMMELGEBIETEN GEORDNET

Unumgänglich ist die möglichst breite und intensive Kenntnis von Originalen. Neben dem Besuch von Händlern, Messen und Märkten sowie den Vorbesichtigungen der Auktionen empfehle ich ganz dringend, sich in möglichst vielen Museen umzuschauen. Nicht nur, daß dort qualitätvolle Stücke sorgfältig ausgewählt und präsentiert werden. Sie sind auch meist gut dokumentiert und von ausgebildeten Wissenschaftlern und Museumsfachleuten beschrieben und katalogisiert. Der Sammler und Kunstliebhaber kann dabei nur lernen! Bestandsverzeichnisse spezieller Museen oder von Spezialabteilungen und Kataloge von Sonderausstellungen zu Ihrem Sammelgebiet sollten Sie sich nach Möglichkeit anschaffen und sorgfältig studieren.
Was Kunstmuseen (Gemälde, Graphik, Skulpturen) betrifft, so sind diese in praktisch allen größeren - und kleineren - Städten vertreten und meist allgemein bekannt. Schwerer zugänglich sind dagegen Informationen über Museen und Sammlungen, die Kunstgewerbe, Kunsthandwerk und die neueren Sammelgebiete zeigen. Daher wird im nachfolgenden Verzeichnis eine Auswahl typischer Museen in Deutschland, Österreich

und der Schweiz - nach Sammelgebieten gegliedert - aufgeführt. Die ausgewählten Museen - nach Postleitzahlen geordnet - sollen „Lust auf mehr" machen. Und selbstverständlich gibt es neben den hier genannten noch eine Vielzahl weiterer Museen und Sammlungen.

ARMBANDUHREN

Deutschland:

Wuppertaler Uhrenmuseum
Poststr. 11
42103 Wuppertal
Tel. 02 02/4 93 99

Deutsches Museum
Museumsinsel 1
80538 München
Tel. 0 89/2 17 91

Österreich:

Uhrenmuseum
Schulhof 2
A-1010 Wien
Tel. 02 22/63 22 65

Schweiz:

Musée de l´Horologerie
15 Route de Malagnou
CH-1208 Genf
Tel. 0 22/7 36 74 12

Musée International d´Horologerie
20 Rue des Musées
CH-2301 La Chaux-de-Fond
Tel. 0 39/23 62 63

Musée d´Horologerie
Château des Monts
Ch-2400 Le Locle
Tel. 0 39/5 12 22

Museum der Zeitmessung Beyer
Bahnhofstr. 31
CH-8001 Zürich
Tel. 01/2 21 10 80

FAYENCEN/STEINZEUG

Deutschland:

Kunstgewerbemuseum
Tiergartenstr. 6
10785 Berlin
Tel. 0 30/2 66 29 02

Museum für Kunst und Gewerbe
Steintorplatz 1
20099 Hamburg
Tel. 0 40/24 86-26 30

Kestner-Museum
Trammplatz 3
30159 Hannover
Tel. 05 11/32 70 81

Herzog-Anton-Ulrich-Museum
Museumstr. 1
38100 Braunschweig
Tel. 05 31/484 24 00

Hetjens-Museum/Deutsches
Keramikmuseum
Schulstr. 4
40213 Düsseldorf
Tel. 02 11/8 99 42 01

Museum für Angewandte Kunst
An der Rechtschule
50667 Köln
Tel. 02 21/2 21 38 60

Historisches Museum
Saalgasse 19
60311 Frankfurt
Tel. 0 69/3 55 99

Museum für Kunsthandwerk
Schaumainkai 17
60594 Frankfurt
Tel. 0 69/212-3 40 37

Reiß-Museum
D5
68159 Mannheim
Tel. 06 21/2 93-30 96

Kurpfälzisches Museum
Hauptstr. 97
69117 Heidelberg
Tel. 0 62 21/58 34 00

Württembergisches
Landesmuseum
Altes Schloß
Schillerplatz 6
70173 Stuttgart
Tel. 07 11/279-34 00

Badisches Landesmuseum
Erbprinzenstr. 15
76133 Karlsruhe
Tel. 07 21/1 35-65 40

Stadtmuseum
St.-Jakobs-Platz 1
80331 München
Tel. 0 89/2 23 70

Bayerisches Nationalmuseum
Prinzregentenstr. 3
80538 München
Tel. 0 89/21 61-1

Städtisches Museum
Zangmeisterstr. 8
87700 Memmingen
Tel. 0 83 31/850-131

Germanisches Nationalmuseum
Kartäusergasse 1
90402 Nürnberg
Tel. 09 11/1 33 10

Residenz
Promenade 27
91522 Ansbach
Tel. 09 81/31 86

Stadtmuseum
Kanzleistr. 1
95444 Bayreuth
Tel. 09 21/2 55 28

Mainfränkisches Museum
Festung Marienberg
97082 Würzburg
Tel. 09 31/4 30 16

Österreich:

Niederösterreiches Landesmuseum
Herrengasse 9
A-1014 Wien
Tel. 02 22/5 31 10-35 05

Österreichisches Museum für Volkskunde
Laudongasse 15–19
A-1080 Wien
Tel. 02 22/43 89 05

Schweiz:

Schweizerisches Landesmuseum
Museumstr. 2
CH-8023 Zürich
Tel. 01/2 11 10 10

GLAS

Deutschland:

Kunstgewerbemuseum
Tiergartenstr. 6
10785 Berlin
Tel. 0 30/266 29 02

Museum für Kunst und Gewerbe
Steintorplatz 1
20099 Hamburg
Tel. 0 40/24 86-26 30

Kestner-Museum
Trammplatz 3
30159 Hannover
Tel. 05 11/32 70 81

Glasmuseum
Am Bahnhof 3
34376 Immenhausen
Tel. 0 56 73/20 60

Hetjens-Museum
Schulstr. 4
40213 Düsseldorf
Tel. 02 11/8 99 42 01

Kunstmuseum mit Glasmuseum Hentrich
Ehrenhof 5
40479 Düsseldorf
Tel. 02 11/8 99 24 60

Museum für Angewandte Kunst
An der Rechtschule
50667 Köln
Tel. 02 21/22 1 38 60

Museum für Kunsthandwerk
Schaumainkai 17
60594 Frankfurt
Tel. 0 69/2 12-3 40 37

Hessisches Landesmuseum
Friedensplatz 1
64283 Darmstadt
Tel. 0 61 51/12 54 34

Glasmuseum
Am Museumspark 1
94258 Frauenau (Bayerischer Wald)
Tel. 0 99 26/7 18

Kunstsammlungen der Veste Coburg
96450 Coburg
Tel. 0 95 61/9 50 55

Österreich:

Österreichisches Museum für angewandte Kunst
Stubenring 5
A-1010 Wien
Tel. 02 22/7 11 36

Technisches Museum für Industrie und Gewerbe
Mariahilfer Str. 212
A-1140 Wien
Tel. 02 22/8 91 01

Steirisches Glasmuseum
Hochregisterstr. 1
A-8572 Bärnbach
Tel. 0 31 42/6 29 50

Schweiz:

Musée des Arts Décoratifs
Av. Villamont
CH-1005 Lausanne
Tel. 0 21/23 07 56

Museum Bellerive
Kunstgewerbemuseum
Höschgasse 3
CH-8008 Zürich
Tel. 01/3 83 43 76

JUGENDSTIL

Deutschland:

Kunstgewerbemuseum
Tiergartenstr. 6
10785 Berlin
Tel. 0 30/2 66 29 02

Museum für Kunst und Gewerbe
Steintorplatz 1
20099 Hamburg
Tel. 0 40/24 86-26 30

Kunstmuseum
Ehrenhof 5
40479 Düsseldorf
Tel. 02 11/8 99 24 60

Kaiser-Wilhelm-Museum
Karlsplatz 35
47798 Krefeld
Tel. 0 21 51/77 00 44

Museum für Angewandte Kunst
An der Rechtschule
50667 Köln
Tel. 02 21/2 21 38 60

Museum für Kunsthandwerk
Schaumainkai 17
60594 Frankfurt
Tel. 0 69/2 12-3 40 37

Hessisches Landesmuseum
Friedensplatz 1
64283 Darmstadt
Tel. 0 61 51/12 54 34

Badisches Landesmuseum
Erbprinzenstr. 15
76133 Karlsruhe
Tel. 07 21/1 35-65 40

Stadtmuseum
St.-Jakobs-Platz 1
80331 München
Tel. 0 89/2 23 70

Bayerisches Nationalmuseum
Prinzregentenstr. 3
80538 München
Tel. 0 89/21 61-1

Kulturgeschichtliche
Sammlungen
Dachauplatz 2–4
93047 Regensburg
Tel. 09 41/5 07-34 40

Österreich:

Österreichisches Museum für
angewandte Kunst
Stubenring 5
A-1010 Wien
Tel. 02 22/7 11 36

MILITARIA/WAFFEN/RÜSTUNGEN

Deutschland:

Historisches Museum
Sophienstraße
01067 Dresden
Tel. 03 51/4 84 00

Museum für deutsche Geschichte
Unter den Linden 2
10117 Berlin
Tel. 0 30/2 00 05 91

Deutsches Armeemuseum
Neuer Garten
Marmorpalais
14471 Potsdam
Tel. 03 31/2 27 54

Luftwaffenmuseum
Hauptstr. 141
25482 Appen
Tel. 0 41 22/80 67

Hessisches Militärmuseum
Schloß Friedrichstein
34537 Bad Wildungen
Tel. 0 56 21/65 77

Deutsches Klingenmuseum
Klosterhof 4
42653 Solingen
Tel. 02 12/5 98 22

Wehrtechnische Studiensammlung
Landesmuseum
Festung Ehrenbreitstein
56077 Koblenz
Tel. 02 61/7 10 12

Wehrgeschichtliches Museum
Schloß und Karlstr. 1
76437 Rastatt
Tel. 0 72 22/3 42 44

Stadtmuseum
St.-Jakobs-Platz 1
80331 München
Tel. 0 89/2 23 70

Bayerisches Nationalmuseum
Prinzregentenstr. 3
80538 München
Tel. 0 89/21 61-1

Bayerisches Armeemuseum
Neues Schloß
Paradeplatz 4
85049 Ingolstadt
Tel. 08 41/3 50 67

Kultur- und Militärmuseum
Martin-Posser-Str. 14
92655 Grafenwöhr
Tel. 0 96 41/84 84

Österreich:

Kunsthistorisches Museum
Burgring 5
A-1010 Wien
Tel. 02 22/5 21 77

Heeresgeschichtliches Museum
Arsenal
Objekt 1
A-1030 Wien
Tel. 02 22/78 23 03

Bergisel-Museum der Kaiserjäger
Bergisel Nr. 1
A-6020 Innsbruck
Tel. 05 12/58 23 12

Landeszeughaus
Herrengasse 16
A-8010 Graz
Tel. 03 16/8 77-27 78

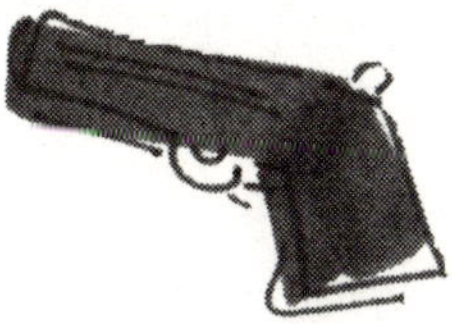

Schweiz:

Musée Militaire Vaudois
Château de Morges
CH-1110 Morges
Tel. 0 21/8 01 26 16

Waffensammlung Château de Grandson
Place du Château
CH-1422 Grandson
Tel. 0 24/24 29 26

Altes Zeughaus
Zeughausplatz 1
CH-4500 Solothurn
Tel. 0 65/23 35 28

Historisches Museum
Pfistergasse 24
CH-6000 Luzern
Tel. 0 41/24 54 24

Schweizerisches Landesmuseum
Museumstr. 2
CH-8023 Zürich
Tel. 01/2 11 10 10

MÖBEL

Deutschland:

Staatliches Museum für Volkskunst
Köpckestr. 1
01097 Dresden
Tel. 03 51/570 817

Museum für bergmännische Volkskunst und Heimatgeschichte des Erzgebirges
Obere Zobelgasse 1
08289 Schneeberg
Tel. 0 37 72/24 46

Museum für Deutsche Volkskunde
Im Winkel 6/8
14195 Berlin
Tel. 0 30/83 39 01 01

Heimatmuseum
Theodor-Körner-Platz 31
18147 Rostock-Warnemünde
Tel. 03 81/ 23 36

Jenisch-Haus/Museum großbürgerlicher Wohnkultur
Baron-Voght-Str. 50
22609 Hamburg
Tel. 0 40/82 87 90

Altonaer Museum
Museumstr. 23
22765 Hamburg
Tel. 0 40/38 07-514

Schleswig-Holsteinisches Landesmuseum – Schloß Gottorf
24837 Schleswig
Tel. 0 46 21/813-0

Städtisches Museum
Lutherplatz 1
24937 Flensburg
Tel. 04 61/85 29 56

Museum für Kunst- und Kulturgeschichte
Schloß
Schloßplatz 1
26122 Oldenburg
Tel. 04 41/220-26 00

Niedersächsisches Landesmuseum
Am Maschpark 5
30169 Hannover
Tel. 05 11/88 30 51

Schaumburg-Lippisches Museum für Geschichte, Landes- und Volkskunde
Lange Str. 22
31675 Bückeburg
Tel. 0 57 22/48 68

Landesmuseum für Geschichte
und Volkstum
Burgplatz 1
38100 Braunschweig
Tel. 05 31/484-26 02

Ruhrland Museum
Goethestr. 41
45128 Essen
Tel. 02 01/88-84 11

Museum für Angewandte Kunst
An der Rechtschule
50667 Köln
Tel. 02 21/221 38 60

Historisches Museum
Saalgasse 19
60311 Frankfurt/M
Tel. 0 69/212-355 99

Hessisches Landesmuseum
Friedensplatz 1
64283 Darmstadt
Tel. 0 61 51/12 54 34

Saarland Museum
Bismarckstr. 11–19
66121 Saarbrücken
Tel. 06 81/6 63 63

Württembergisches Landesmuseum
Altes Schloß – Schillerplatz 6
70173 Stuttgart
Tel. 07 11/279-34 00

Badisches Landesmuseum
Erbprinzenstr. 15
76133 Karlsruhe
Tel. 07 21/135-65 40

Augustinermuseum
Augustinerplatz
79098 Freiburg
Tel. 07 61/216-33 00

Stadtmuseum
St.-Jakobs-Platz 1
80331 München
Tel. 0 89/2 23 70

Bayerisches Nationalmuseum
Prinzregentenstr. 3
80538 München
Tel. 0 89/21 61-1

Heimatmuseum
Wilhelm-Leibl-Platz
83043 Bad Aibling
Tel. 0 94 05/21 33

Heimatmuseum
Marktstr. 48
83646 Bad Tölz
Tel. 08 41/50 42 88

Städtisches Museum im
Vogthaus
Charlottenstr. 36
88212 Ravensburg
Tel. 07 51/8 22 01

Germanisches Nationalmuseum
Kartäusergasse 1
90402 Nürnberg
Tel. 09 11/1 33 10

Kulturgeschichtliche
Sammlungen
Dachauplatz 2–4
93047 Regensburg
Tel. 09 41/507-34 40

Museum Oberhaus
Veste Oberhaus
94034 Passau
Tel. 08 51/39 63 12

Fichtelgebirgs-Museum
Spitalhof
95632 Wunsiedel
Tel. 0 92 32/20 32

Mainfränkisches Museum
Festung Marienberg
97082 Würzburg
Tel. 09 31/4 30 16

Österreich:

Museum für Volkskunde
Laudongasse 15–19
A-1080 Wien
Tel. 02 22/43 89 05

Niederösterreiches
Landesmuseum
Herrengasse 9
A-1014 Wien
Tel. 02 22/5 31 10-35 05

Museum Carolino Augusteum
Museumsplatz 6
A-5020 Salzburg
Tel. 06 62/84 31 45

Volkskundemuseum im Monatsschlößchen Schloßpark
Hellbrunn
A-5020 Salzburg
Tel. 06 62/84 11 34-0

Tiroler Volkskunstmuseum
Universitätsstr. 2
A-6020 Innsbruck
Tel. 05 12/58 43 02

Vorarlberger Landesmuseum
Kornmarkt 1
A-6900 Bregenz
Tel. 0 55 74/4 60 50

Burgenländisches Landesmuseum
Museumgasse 1–5
A-7000 Eisenstadt
Tel. 0 26 82/26 52

Freilichtmuseum Oberlienz
A-9900 Lienz/Osttirol
Tel. 0 48 52/34 75

Museum Schloß Bruck
A-9900 Lienz/Osttirol
Tel. 0 48 52/6 25 80

Schweiz:

Historisches Museum
Helvetiaplatz 5
CH-3000 Bern
Tel. 0 31/43 18 11

Schweizerisches Museum für Volkskunde
Augustinergasse 2
CH-4001 Basel
Tel. 0 61/2 66 55 00

Schweizerisches Trachten- und Heimatmuseum
Dietschibergstraße
CH-6006 Utenberg/Luzern
Tel. 0 41/36 80 56

Rätisches Museum
Hofstr. 1
CH-7000 Chur
Tel. 0 81/22 82 77

Engadiner Museum
Via dal Bagn 39
CH-7500 St. Moritz
Tel. 0 82/3 43 33

Schweizerisches Landesmuseum
Museumstr. 2
CH-8023 Zürich
Tel. 01/211 10 10

MÜNZKABINETTE

Deutschland:

Münzkabinett
Güntzstr. 34
01307 Dresden
Tel. 03 51/4 59 38 13

Bodemuseum
Münzkabinett
Bodestr. 1–3
10178 Berlin
Tel. 0 30/20 35 55 01

Staatliche Münzsammlung
Residenzstr. 1
80333 München
Tel. 0 89/22 72 21

Österreich:

Kunsthistorisches Museum
Münzkabinett
Burgring 5
A-1010 Wien
Tel. 0 222/5 21 77

PORZELLAN

Deutschland:

Porzellansammlung
Sophienstraße
01067 Dresden
Tel. 03 51/4 84 00

Museum des Kunsthandwerks im Grassi-Museum
Johannisplatz 5/11
04103 Leipzig
Tel. 03 41/29 15 43

Kunstgewerbemuseum
Tiergartenstr. 6
10785 Berlin
Tel. 0 30/2 66 29 02

Museum für Kunst und Gewerbe
Steintorplatz 1
20099 Hamburg
Tel. 0 40/24 86-26 30

Hetjens-Museum
Schulstr. 4
40213 Düsseldorf
Tel. 02 11/8 99 42 01

Museum für Angewandte Kunst
An der Rechtschule
50667 Köln
Tel. 02 21/2 21 38 60

Landesmuseum
Große Bleiche 49/51
55116 Mainz
Tel. 0 61 31/23 29 55

Museum für Kunsthandwerk
Schaumainkai 17
60594 Frankfurt
Tel. 0 69/2 12-3 40 37

Residenzmuseum
Max-Joseph-Platz 3
80333 München
Tel. 0 89/2 90 67-1

Bayerisches Nationalmuseum
Prinzregentenstr. 3
80538 München
Tel. 0 89/21 61-1

Meißener Porzellansammlung
Schloß Lustheim
85764 Oberschleißheim
Tel. 0 89/3 15 02 12

Mainfränkisches Museum
Festung Marienberg
97082 Würzburg
Tel. 09 31/4 30 16

Österreich:

Österreichisches Museum für angewandte Kunst
Stubenring 5
A-1010 Wien
Tel. 02 22/7 11 36

Puppen- und Spielzeugmuseen

Deutschland:

Museum für Volkskunst
Köpckestr. 1
01097 Dresden
Tel. 03 51/5 78 17

Erzgebirisches Spielzeugmuseum
Ernst-Thälmannstr. 73
09548 Seiffen/Erzgeb.
Tel. 03 73 62/45 75

Altonaer Museum
Museumstr. 23
22765 Hamburg
Tel. 0 40/38 07-514

Niederrheinisches Museum für
Volkskunde und Kulturgeschichte
Hauptstr. 18
47623 Kevelaer
Tel. 0 28 32/60 66

Puppenmuseum
Legge
Am Markt
49545 Tecklenburg
Tel. 0 54 82/7 06 20

Spielzeugmuseum
Nagelstr. 4–5
54290 Trier
Tel. 06 51/7 58 50

Hessisches Puppenmuseum
Parkpromenade 4
63454 Hanau-Wilhelmsbad
Tel. 0 61 81/8 62 12

Württembergisches Landesmuseum
Altes Schloß
Schillerplatz 6
70173 Stuttgart
Tel. 07 11/2 79-34 00

Städtisches Museum
Wühlestr. 36
73033 Göppingen
Tel. 65 04 25

Spielzeugmuseum im Alten
Rathausturm
Marienplatz
80333 München
Tel. 0 89/29 40 01

Spielzeugmuseum der Stadt
Nürnberg
Karlstr. 13–15
90403 Nürnberg
Tel. 09 11/2 31 31 64

Museum der Deutschen
Spielzeugindustrie
Hindenburgplatz
96465 Neustadt b. Coburg
Tel. 0 95 68/56 00

Spielzeugmuseum
Beethovenstr. 10
96515 Sonneberg/Thür.
Tel. 0 36 75/28 56

Deutschordenmuseum
Schloß
97980 Bad Mergentheim
Tel. 0 79 31/5 72 09

Schloßmuseum
Schloßplatz 1
99310 Arnstadt/Thür.
Tel. 29 32

Österreich:

Kinderweltmuseum
Schloß Walchen
A-4870 Vöcklamarkt
Tel. 0 76 82/62 46

Spielzeugmuseum
Bürgerspitalgasse 2
A-5020 Salzburg
Tel. 06 62/84 75 60

Puppenmuseum in der Villa
Bachler-Rix
Josef-Stern-Allee 101
A-5360 St. Wolfgang
Tel. 0 61 38/23 23

Schweiz:

Schweizerisches Museum für
Volkskunde
Augustinergasse 2
CH-4001
Basel
Tel. 0 61/2 66 55 00

Zuericher Spielzeugmuseum
Fortunagasse 15
CH-8001 Zürich
Tel. 01/2 11 93 05

Schweizerisches Landesmuseum
Museumstr. 2
CH-8023 Zürich
Tel. 01/2 11 10 10

Puppenmuseum
Schwarzhorngass 136
CH-8260 Stein a. Rhein
Tel. 0 54/41 39 66

SCHMUCK

Deutschland:

Grünes Gewölbe
Georg-Treu-Platz 1
01067 Dresden
Tel. 03 51/4 95 30 56

Kunstgewerbemuseum
Tiergartenstr. 6
10785 Berlin
Tel. 0 30/2 66 29 02

Museum für Kunst und Gewerbe
Steintorplatz 1
20099 Hamburg
Tel. 0 40/24 86-26 30

Focke-Museum
Schwachhauser Heerstr. 240
28213 Bremen
Tel. 04 21/4 96 35 75

Schaumburg-Lippisches Museum für Geschichte, Landes- und Volkskunde
Lange Str. 22
31675 Bückeburg
Tel. 0 57 22/48 68

Herzog-Anton-Ulrich-Museum
Museumstr. 1
38100 Braunschweig
Tel. 05 31/4 84 24 00

Ruhrland- und Heimatmuseum
Goethestr. 41
45128 Essen
Tel. 02 01/88-84 11

Rheinisches Landesmuseum
Colmantstr. 14–16
53115 Bonn
Tel. 02 28/72 94-1

Museum für Kunsthandwerk
Schaumainkai 17
60594 Frankfurt
Tel. 0 69/2 12-3 40 37

Hessisches Landesmuseum
Friedensplatz 1
64283 Darmstadt
Tel. 0 61 51/12 54 34

Württembergisches Landesmuseum
Altes Schloß
Schillerplatz 6
70173 Stuttgart
Tel. 07 11/279-34 00

Schmuckmuseum im Reuchlinhaus
Jahnstr. 42
75173 Pforzheim
Tel. 0 72 31/39 21 26

Zähringer Museum
Neues Schloß
76530 Baden-Baden
Tel. 0 72 21/2 55 93

Residenzmuseum
Max-Joseph-Platz 3
80333 München
Tel. 0 89/2 90 67-1

Bayerisches Nationalmuseum
Prinzregentenstr. 3
80538 München
Tel. 0 89/21 61-1

Kunstsammlungen der Veste
Coburg
96450 Coburg
Tel. 0 95 61/9 50 55

SILBER

Deutschland:

Grünes Gewölbe
Georg-Treu-Platz 1
01067 Dresden
Tel. 03 51/4 95 30 56

Kunstgewerbemuseum
Tiergartenstr. 6
10785 Berlin
Tel. 0 30/2 66 29 02

Museum für Kunst und
Gewerbe
Steintorplatz 1
20099 Hamburg
Tel. 0 40/24 86-26 30

Altonaer Museum
Museumstr. 23
22765 Hamburg
Tel. 0 40/38 07-514

Hessisches Landesmuseum
Brüder-Grimm-Platz 5
34117 Kassel
Tel. 05 61/31 58 73

Museum für Kunst und
Kulturgeschichte
Hansastr. 3
44137 Dortmund
Tel. 02 31/5 42-2 55 25

Württembergisches Landesmuseum
Altes Schloß
Schillerplatz 6
70173 Stuttgart
Tel. 07 11/2 79-34 00

Schatzkammer und Silberkammer
der Residenz
Max-Joseph-Platz 3
80333 München
Tel. 0 89/2 90 67-1

Bayerisches Nationalmuseum
Prinzregentenstr. 3
80538 München
Tel. 0 89/21 61-1

Maximiliansmusem
Philippine-Welser-Str. 24
86150 Augsburg
Tel. 08 21/3 24 21 73

Germanisches Nationalmuseum
Kartäusergasse 1
90402 Nürnberg
Tel. 09 11/1 33 10

Österreich:

Kunsthistorisches Museum
Burgring 5
A-1010 Wien
Tel. 02 22/5 21 77

Schweiz:

Schweizerisches Landesmuseum
Museumstr. 2
CH-8023 Zürich
Tel. 01/2 11 10 10

TELEFONKARTEN

Verkehrsmuseum
Lessingstr. 6
90443 Nürnberg
Tel. 09 11/2 19 24 28

TEPPICHE

Deutschland:

Museum für Islamische Kunst
Arnimallee 23/27
14195 Berlin
Tel. 0 30/83 01-3 92

Museum für Kunst und Gewerbe
Steintorplatz 1
20099 Hamburg
Tel. 0 40/24 86-26 30

Museum für Kunsthandwerk
Schaumainkai 17
60594 Frankfurt
Tel. 0 69/2 12-3 40 37

Bayerisches Nationalmuseum
Prinzregentenstr. 3
80538 München
Tel. 0 89/21 61-1München

Österreich:

Österreichisches Museum für
angewandte Kunst
Stubenring 5
A-1010 Wien
Tel. 02 22/7 11 36

ÜBERSEEISCHE KUNST (AFRICANA, ASIATICA ETC.)

Deutschland:

Staatliches Museum für
Völkerkunde
Karl-Marx-Platz
Japanisches Palais
01067 Dresden
Tel. 03 51/5 25 91

Museum für Völkerkunde
Täubchenweg 2c–e
04103 Leipzig
Tel. 03 41/20 10 41

Museum für Völkerkunde
Lansstr. 8
14195 Berlin
Tel. 0 30/83 01-2 26

Museum für Völkerkunde
Binderstr. 14
20148 Hamburg
Tel. 0 40/44 19 55 05

Museum für Völkerkunde
Hegewischstr. 3
24105 Kiel
Tel. 04 31/5 97-40 00

Übersee-Museum
Bahnhofsplatz 13
28195 Bremen
Tel. 04 21/3 97 83 57

Sammlungen des Instituts für
Völkerkunde
Theaterplatz 15
37073 Göttingen
Tel. 05 51/39 78 92

Rautenstauch-Joest-Museum
für Völkerkunde
Ubierring 45
50678 Köln
Tel. 02 21/31 10 65

Museum für Völkerkunde
Schaumainkai 29
60594 Frankfurt/M
Tel. 0 69/2 12 3 53 91

Linden-Museum
Hegelplatz 1
70174 Stuttgart
Tel. 07 11/1 23-1242

Museum für Völkerkunde
Gerberau 32
79098 Freiburg i. Br.
Tel. 07 61/2 16-33 42

Völkerkundliche Sammlungen der Stadt
D5
68159 Mannheim
Tel. 06 21/2 93-30 96

Staatliches Museum für Völkerkunde
Maximilianstr. 42
80538 München
Tel. 0 89/22 48 44

Österreich:

Museum für Völkerkunde
Neue Hofburg
Heldenplatz
A-1014 Wien
Tel. 02 22/93 45 41

Schweiz:

Museum für Völkerkunde
Augustinergasse 2
CH-4001 Basel
Tel. 0 61/2 66 55 00

UHREN

Deutschland:

Mathematisch-Physikalischer Salon
Zwinger
01067 Dresden
Tel. 03 51/4 95 13 64

Kunstgewerbemuseum
Tiergartenstr. 6
10785 Berlin
Tel. 0 30/2 66 29 02

Hessisches Landesmuseum
Astronomisch-Physikalisches Kabinett
Brüder-Grimm-Platz 5
34117 Kassel
Tel. 05 61/31 58 73

Württembergisches Landesmuseum
Altes Schloß
Schillerplatz 6
70173 Stuttgart
Tel. 07 11/2 79-34 00

Bayerisches Nationalmuseum
Prinzregentenstr. 3
80538 München
Tel. 0 89/21 61-1

Maximiliansmusem
Philippine-Welser-Str. 24
86150 Augsburg
Tel. 08 21/3 24 21 73

Germanisches Nationalmuseum
Kartäusergasse 1
90402 Nürnberg
Tel. 09 11/1 33 10

Kunstsammlungen der Veste
Coburg
96450 Coburg
Tel. 0 95 61/9 50 55

Mainfränkisches Museum
Festung Marienberg
97082 Würzburg
Tel. 09 31/4 30 16

Östereich:

Uhrenmuseum
Schulhof 2
A-1010 Wien
Tel. 02 22/63 22 65

Schweiz:

Musée de l´Horologerie
15 Route de Malagnou
CH-1208 Genf
Tel. 0 22/7 36 74 12

Musée d´Horologerie
Château des Monts
Ch-2400 Le Locle
Tel. 0 39/5 12 22

Uhrensammlung
Rathaus
Marktgasse 20
CH-8400 Winterthur
Tel. 0 52/84 51 26

ZINN

Deutschland:

Museum für Kunst und Gewerbe
Steintorplatz 1
20099 Hamburg
Tel. 0 40/24 86-26 30

Museum für Angewandte Kunst
An der Rechtschule
50667 Köln
Tel. 02 21/2 21 38 60

Museum für Kunsthandwerk
Schaumainkai 17
60594 Frankfurt
Tel. 0 69/2 12-3 40 37

Württembergisches Landesmuseum
Altes Schloß
Schillerplatz 6
70173 Stuttgart
Tel. 07 11/2 79-34 00

Badisches Landesmuseum
Erbprinzenstr. 15
76133 Karlsruhe
Tel. 07 21/1 35-65 40

Bayerisches Nationalmuseum
Prinzregentenstr. 3
80538 München
Tel. 0 89/21 61-1

Maximiliansmusem
Philippine-Welser-Str. 24
86150 Augsburg
Tel. 08 21/3 24 21 73

Germanisches National-museum
Kartäusergasse 1
90402 Nürnberg
Tel. 09 11/1 33 10

Mainfränkisches Museum
Festung Marienberg
97082 Würzburg
Tel. 09 31/4 30 16

Österreich:

Österreiches Museum für Volkskunde
Laudongasse 15–19
A-1080 Wien
Tel. 02 22/43 89 05

Schweiz:

Schweizerisches Landesmuseum
Museumstr. 2
CH-8023 Zürich
Tel. 01/2 11 10 10

ANTIQUITÄTEN- UND SAMMLERZEITSCHRIFTEN

Wer sich dafür interessiert, was sich in den Bereichen Kunst, Antiquitäten und Sammeln allgemein so tut, wann und wo Auktionen, Antiquitätenmessen und Flohmärkte stattfinden, der informiert sich am besten in einer der einschlägigen Fachzeitschriften. Sie sind in gut sortierten Zeitschriftenhandlungen und Bahnhofsbuchhandlungen erhältlich. Wer

ständig auf dem Laufenden bleiben möchte, abonniert am besten die Zeitschrift, die am ehesten seinen Interessen entgegenkommt. Der Abonnementpreis ist gegenüber dem Einzelpreis meist erheblich günstiger.
Am stärksten auf den Bereich Kunst – auch Moderne – ausgerichtet ist *Kunst und Antiquitäten.* Das Einzelheft kostet DM 14,–. Im Jahr erscheinen 10 Hefte. Jedes Heft enthält die aktuellen Ausstellungs- und Auktionstermine.
Umfangreich und kompetent informiert die *Weltkunst. Aktuelle Zeitschrift für Kunst und Antiquitäten* über das Geschehen im Kunst- und Auktionshandel. Ausführliche Vor- und Nachberichte deutscher, österreichischer und Schweizer, aber auch internationaler Auktionen. Das Einzelheft kostet DM 16,–. Die *Weltkunst* erscheint zweimal im Monat. Aktuelle Ausstellungs-, Auktions- und Messetermine.
Ebenfalls alle zwei Wochen erscheint im schlichten Zeitungsdruck die *Antiquitäten Zeitung.* Einzeln kostet sie DM 4,–. Kompetent und sachlich, ist der Inhalt eher auf die Interessen des Handels und der Auktionshäuser zugeschnitten als auf die der Sammler. Auktionstermine, Messen und Märkte, Ausstellungen.
Wer sich für den Bereich Sammeln allgemein interessiert, für den ist das *Sammler Journal* unentbehrlich. Das Einzelheft kostet DM 7,50 und erscheint monatlich. Professionell gemacht, finden sich hier ausführliche und interessante Artikel über alle eingeführten und kommenden Sammlerthemen. Ganz wichtig für jeden, der auf Antik-, Trödel- und Flohmärkten stöbern möchte: die „Blauen Seiten“ mit buchstäblich tausenden nach Postleitzahlen geordneten Angaben über Ort und Termin aller Veranstaltungen, die Sammler interessieren, sowie die Telefonnummer des jeweiligen Veranstalters für Rückfragen.
In den letzten Jahren ganz beachtlich gemausert hat sich *Trödler & Magazin Sammeln.* Das Einzelheft kostet DM 5,90 und erscheint monatlich. Stärker als beim *Sammler Journal* liegt hier der Schwerpunkt auf Puppen und Spielzeug. Umfangreicher Kleinanzeigenteil. Auf gelben Seiten finden sich – ähnlich wie beim *Sammler Journal* – zahlreiche topographisch geordnete Veranstaltungshinweise.

Kostenlos privat inserieren kann man im *Sammler Markt*. Das Einzelheft kostet DM 4,80 und erscheint monatlich.

FACH- UND SAMMLERLITERATUR

Ein ausführliches und aktuelles Nachschlagewerk – u. a. für die Adressen des Kunst- und Antiquitätenhandels, der Auktionshäuser, Antiquariate, Experten und Museen – ist das *Kunstadressbuch Deutschland, Österreich, Schweiz*. Es erscheint ca. alle zwei Jahre neu.
Jährlich neu erscheinende Auktionspreisbücher geben einen interessanten und informativen Überblick über die Preise, die im Auktionshandel erzielt werden:
Battenberg Kunst Auktionen Preise erscheint jährlich neu. Informativer, umfassender und preiswerter Überblick über das Auktionsgeschehen in Deutschland, Österreich und der Schweiz. Neben den aktuellen Auktionsergebnissen werden auch die Marktpreise für die Stücke genannt.
Das *Kunstpreis-Jahrbuch* aus dem Weltkunst Verlag erscheint ebenfalls jährlich neu, inzwischen in einer dreibändigen Ausgabe (Bd. 1 + 2 = Kunst sowie Bd. 3 = Antiquitäten sind auch separat erhältlich). Teuer und zuverlässig und vor allem bei Händlern und Profis eingeführt.
Wer sich für Auktionspreise im englischen Kunsthandel interessiert, für den gibt es ebenfalls jährlich neu:
Miller´s Antiques Price Guide
Miller´s Collectables Price Guide
Millers´s Collector´s Cars Price Guide
Interessant und informativ für jeden Kunstliebhaber und Sammler sind die *Antiquitäten- und Sammler-Kataloge* aus dem Battenberg Verlag. Fast zu jedem aktuellen Sammelgebiet ist dort ein Band erschienen, der jeweils neben einem Überblick über das Gebiet mehrere hundert Objekte in Abbildungen vorstellt und mit aktuellen Marktpreisen bewertet:

Alte Bierkrüge
Disneyana
Glas:
- Modernes Glas
- Paperweights
- Parfum-Flacons

Ikonen
Jugendstil
Militaria
Möbel:
- Barock-Möbel
- Bauernmöbel
- Biedermeier-Möbel
- Englische Möbel
- Möbel
- Stilmöbel Europas

Orden:
- Katalog deutsche Orden und Ehrenzeichen
- Orden Europas

Porzellan
Puppen/Teddys:
- Barbie
- Geliebte Steiff-Tiere
- Käthe Kruse-Puppen
- Kleine Puppen
- Puppen
- Puppenküchen, Kaufläden, Puppenstuben und Zubehör
- Puppenzubehör
- Teddybären
- Teddybären sammeln
- Geliebte Zelluloid-Puppen

Schmuck und Juwelen
Spielzeug:
- Blechspielzeug: Autos – Motorräder
- Blechspielzeug: Dampfspielzeug
- Blechspielzeug: Eisenbahnen
- Blechspielzeug-Importe
- Modellautos im HO-Bahnmaßstab
- Roboter und Weltraumspielzeug
- Schuco

Hummel Figuren
Alte Postkarten
Teppiche:
- Orientteppiche 1 – Kaukasische Teppiche
- Orientteppiche 2 – Persische Teppiche
- Orientteppiche 3 – Anatolische Teppiche
- Orientteppiche 4 – Turkmenische Teppiche
- Orientteppiche 5 – Kelims

Uhren:
- Armbanduhren
- Uhren

Münzen:
- Großer deutscher Münzkatalog
- Kleiner deutscher

Münzkatalog
Deutscher Münzkatalog
18. Jahrhundert
Weltmünzkatalog
19. Jahrhundert
Weltmünzkatalog 20. Jahrhundert
ECU-Katalog
Gedenkmünzen-Katalog
Römische Münzen

Papiergeld:
Papiergeld Katalog Deutschland
World Paper Money

In der Reihe der *Cieslik-Preisführer* sind Titel zu folgenden Sammelthemen erschienen:

Barbie
Käthe Kruse
Zubehör für Puppenstuben
Steiff-Tiere

In der Taschenbuch-Reihe *Heyne Antiquitäten* gibt es Bände zu folgenden Themen:

Art déco
Biedermeier
Design
Füllfederhalter
Jugendstil
Möbel
Modeschmuck
Puppen
Teddybären
Teppiche
Thonet-Möbel
50er Jahre

Gleich mehrere Kataloge sind in letzter Zeit zum Thema *Telefonkarten* erschienen:

Michel Telefonkarten-Katalog Deutschland
Philex TeleCards Deutschland
Battenberg Deutscher Telefonkarten-Katalog
TKJ Fachkatalog.

Jedem schon seit seiner Jugend zum Thema Briefmarken bekannt sind natürlich die: Michel-Kataloge.

Zu mehreren neuen Sammelgebieten sind in kleineren Verlagen oder sogar im Selbstverlag einige Kataloge erschienen, die aber häufig nur kurz auf dem Markt oder über den Buchhandel nur schwer zu beziehen sind. Beachten Sie dazu die Bücherstände auf den jeweiligen Antiquitätenmärkten oder die Kleinanzeigen der einschlägigen Sammler-Zeitschriften.

Für jeden Sammler ist es wichtig, sich über sein Gebiet so gründlich wie möglich kundig zu machen. Dazu gehört auch die Literatur zum entsprechenden Gebiet. Und die Kosten für eine nach und nach zusammengetragene kleine Fachbibliothek kommen leicht wieder herein, wenn es Ihnen Ihr Fachwissen ermöglicht, Ihre Schätze sachkundig und zu angemessenen Preisen zu erwerben.

Weitere wichtigen Informationen:
Picker, Antiquitäten Kunstgegenstände. Recht Steuer. Versicherung
Picker, Kunst und Antiquitäten. Praxis und Recht von A – Z
Picker, Praxis des Kunstrechts
Günther/Mehler, Wie man mit Kunst und Antiquitäten ein Vermögen aufbaut

KAPITEL XI – WICHTIGE EINKAUFSADRESSEN

Folgende Adressen stellen wichtige Auktionshäuser sowie einen Querschnitt des Einzelhandels im Bereich Kunst, Antiquitäten und Sammeln in Deutschland, Österreich und der Schweiz vor.
Die Adressen sind jeweils nach Postleitzahlen geordnet. So finden Sie bequem ein Auktionshaus oder einen Händler in Ihrer Nähe. Soweit die Händler sich besonders spezialisiert haben, ist der jeweilige Bereich mit angegeben. Die meisten Händler führen allerdings ein mehr oder weniger breites Spektrum an Kunst und Antiquitäten. Falls Unklarheit besteht, können Sie sich durch einen kurzen Telefonanruf vergewissern, ob der Händler für Sie in Frage kommende Objekte führt.
Da zahlreiche Läden nur sehr eingeschränkte Öffnungszeiten haben – und selbst diese oft nicht eingehalten werden –, ist vor dem geplanten Besuch eines Händlers eine telefonische Anfrage angebracht, u. a. auch wegen der zahlreichen Messen, auf denen viele Händler vertreten sind, und während deren Dauer die Läden oft geschlossen bleiben.

AUKTIONSHÄUSER IN DEUTSCHLAND, ÖSTERREICH UND DER SCHWEIZ

Deutschland

Stuttgarter Kunstauktionshaus
Dr. Fritz Nagel
Peterssteinweg 1
04107 Leipzig
Tel. 03 41/20 82 13

Leo Spik
Kunstversteigerungen
Kurfürstendamm 66
10707 Berlin
Tel. 0 30/8 83 61 70
Kunst und Antiquitäten

Altus
Kalckreuthstr. 4/5
10777 Berlin
Tel. 0 30/2 18 18 18

Auktionshaus Reiner Dannenberg
Wiesbadener Str. 82
12161 Berlin
Tel. 0 30/8 21 69 79
Spielzeug, Puppen, Kunstgewerbe, Silber, Schmuck

Galerie Gerda Bassenge
Erdener Str. 5a
14193 Berlin
Tel. 0 30/ 8 92 90 13
Graphik, Bücher, Kunst, Photographie

Hauswedell & Nolte
Pöseldorfer Weg 1
20148 Hamburg
Tel. 0 40/ 44 83 66
Bücher, Kunst

Auktionshaus Schopmann
Hohe Bleichen 18 und 24
20354 Hamburg
Tel. 0 40/35 50 03-0

Auktionshaus Hans Stahl
Hohe Bleichen 28
20354 Hamburg
Tel. 0 40/34 34 71

Hanseatisches Auktionshaus Bolland & Marotz
Fedelhören 19
28203 Bremen
Tel. 04 21/32 82 82

Kunstauktionshaus Schloß Ahlden
Florian Seidel
29639 Ahlden/Aller
Tel. 0 51 64/5 75

Auktionshaus Schloß Ricklingen
Schloß Ricklingen
30826 Garbsen
Tel. 0 51 31/7 10 66

Jochen Granier
Auktionshaus
Welle
33602 Bielefeld
Tel. 05 21/6 71 48

Wolfgang Brandes
Wolfenbütteler Str. 12
38102 Braunschweig
Tel. 05 31/7 50 03

Peter Karbstein
Kunst- und Auktionshaus
Hohenzollernstr. 36
40211 Düsseldorf
Tel. 02 11/3 61 32 32

Meerbuscher Kunstauktionshaus
Rosthal
Kanzleistr. 3
40667 Meerbusch-Büderich/
Düsseldorf
Tel. 0 21 32/57 11

Kunsthaus Lempertz
Neumarkt
50667 Köln
Tel. 02 21/9 25 72 90

Kunsthaus am Museum
Carola van Ham
Drususgasse 1–5
50667 Köln
Tel. 02 21/25 20 57

Venator & Hanstein
Cäcilienstr. 48
50667 Köln
Tel. 02 21/23 29 62

Klefisch
Ubierring 35
50678 Köln
Tel. 02 21/32 17 40

Dr. Crott & Schmelzer
Pontstr. 21
52062 Aachen
Tel. 02 41/3 69 00

August Bödiger
Franziskanerstr. 17–19
53113 Bonn
Tel. 02 28/21 90 90

Auktionshaus Arnold
Bleichstr. 42
60313 Frankfurt/M
Tel. 069/28 27 79

Peter Kegelmann
Saalgasse 3 (am Dom)
60311 Frankfurt/M
Tel. 0 69/28 84 61

Auktionshaus Blank
Friedrich-Ebert-Str. 2
61118 Bad Vilbel
Tel. 0 61 01/82 11

Reiss & Auvermann
Adelheidstr. 2
61462 Königstein
Tel 06174/1017

Auktionshaus Julius Jäger
Luisenstr. 6
65185 Wiesbaden
Tel. 06 11/30 41 02

Rippon Boswell
Friedrichstr. 45
65185 Wiesbaden
Tel. 06 11/37 20 62

Wormser Spielzeug-Auktionen
Erich Lösch
Postfach 44
67590 Monsheim
Tel. 0 62 43/81 44

Arno Winterberg
Hildastr. 12
69115 Heidelberg
Tel. 0 62 21/2 26 31

Stuttgarter Kunstauktionshaus
Dr. Fritz Nagel
Adlerstr. 31–33
70199 Stuttgart
Tel. 07 11/64 96 90

Heilbronner Kunst- und Auktionshaus
Dr. Jürgen Fischer
Trappensee-Schlößchen
74074 Heilbronn
Tel. 0 71 31/17 30 64

Auktionskontor Frank Peege
Dreikönigstr. 43
78102 Freiburg
Tel. 07 61/7 55 56

Zisska & Kistner
Unterer Anger 15
80331 München
Tel. 0 89/26 38 55
Bücher, Autographen, Graphik

Hartung & Hartung
Antiquariat – Auktionen
Karolinenplatz 5a
80333 München
Tel. 0 89/28 40 34
Bücher, Autographen, Graphik

Karl & Faber
Luitpoldblock – Amiraplatz 3/IV
80333 München
Tel. 0 89/22 18 65
Gemälde, Graphik

Galerie Wolfgang Ketterer
Brienner Str. 25
80333 München
Tel. 0 89/55 24 40
Moderne Kunst, Jugendstil, Art déco, außereuropäische Kunst

Hugo Ruef Kunstauktionen
Gabelsberger Str. 28
80333 München
Tel. 0 89/52 40 84

Numismatik Lanz
Maximiliansplatz 10
80333 München
Tel. 0 89/29 90 70

Hermann Historica OHG
Sandstr. 33
80335 München
Tel. 0 89/5 23 79 96
Antiken, Militaria, Waffen, Orden

Neumeister
Barer Str. 37
80799 München
Tel. 0 89/23 17 10-0

Ursula Nusser
Nordendstr. 41
80801 München
Tel. 0 89/2 72 21 50
Varia

Georg Rehm
Provinostr. 47
86153 Augsburg
Tel. 08 21/55 10 01

Michael Zeller
Bindergasse 7
88131 Lindau
Tel. 0 83 82/40 27

Auktionshaus König
Untere Schmiedgasse 8
90403 Nürnberg
Tel. 09 11/22 51 69

Lankes
Auktionshaus
Klosterstr. 22
95028 Hof
Tel. 0 92 81/1 82 00
Spielzeug

Waltraud Bolz
Brandenburger Str. 36
95448 Bayreuth
Tel. 09 21/2 06 26
Altes Spielzeug, Varia

Erstes Würzburger Kunst-
auktionshaus – Roland Mars
Ludwigstr. 4
97070 Würzburg
Tel. 09 31/5 56 58

Österreich:

Dorotheum
Dorotheergasse 17
A-1010 Wien
Tel. 02 22/51 56 00

Schweiz:

Christie's
Pl. de la Taconnerie 8
CH-1204 Genève
Tel. 0 22/28 25 44

Fischer
Haldenstr. 19
CH-6006 Luzern
Tel. 0 41/51 57 72

Koller
Rämistr. 8
CH-8024 Zürich
Tel. 01/47 50 40

Sotheby's Zürich
Bleicherweg 20
CH-8022 Zürich
Tel. 01/2 02 00 11

Ineichen
Badenerstr. 75
CH-8026 Zürich
Tel. 01/2 42 39 44

Christie's
Steinweispl.
CH-8032 Zürich
Tel. 01/2 62 05 05

Philipp Schuler
Seestr. 341
CH-8038 Zürich
Tel. 01/4 82 47 48

Christine Kohler
Büelholz 4 a
CH-8400 Winterthur

Flensburg
24
Kiel
25
Elms-
horn
Lübeck
23
22
20
Hamburg
21
Stralsund
18
Rostock
Neubrandenburg
17
Schwerin
19
1
16
Oranienburg
Emden
26
Oldenburg
Bremer-
haven
27
2
Bremen
28
29
Celle
Stendal
39
Magdeburg
14
Potsdam
Berlin
Frankfurt/
Oder
15
49
4
Osnabrück
30
Hannover
31
Herford
32
38
Braun-
schweig
48
Münster
Bielefeld
33
3
37
Göttingen
Dessau
Cottbus
03
Halle
06
Leipzig
04
0
Dresden
01
Bautzen
02
Ober-
hausen
46
47
Duisburg
45
Essen
44
Dortmund
Hamm
59
Arnsberg
Hagen
58
Düssel-
dorf
40
41
M-Gladbach
Wuppertal
42
34
Kassel
99
Erfurt
Gera
07
Chemnitz
09
Zwickau
08
Köln
50
51
Siegen
57
52
Aachen
53
Bonn
35
Gießen
36
Fulda
98
Suhl
5
56
Koblenz
54
Trier
65
Wiesbaden
61
Frankfurt a.M.
60
63
Aschaffenburg
97
Würzburg
96
Bamberg
Hof
95
9
Berlin
13
10
14
12
55
Mainz
Darmstadt
64
6
66
Saarbrücken
67
Kaisers-
lautern
Mannheim
68
69
Heidelberg
90
Nürnberg
Ansbach
92
Amberg
Regensburg
93
94
Passau
Heilbronn
74
Karlsruhe
76
Pforz-
heim
75
71
70
Stuttgart
73
Göppingen
86
Ingolstadt
85
Landshut
84
77
Offenburg
7
Tübingen
72
89
Ulm
Augsburg
München
80/81
8
Freiburg
79
78
Konstanz
88
Friedrichshafen
87
Kempten
82
Garmisch-
Partenkirchen
83
Rosenheim

KUNST- UND ANTIQUITÄTENHÄNDLER IN DEUTSCHLAND, ÖSTERREICH UND DER SCHWEIZ

Folgende Adressen stellen einen Querschnitt durch den – größtenteils gehobenen – Kunst- und Antiquitätenhandel in Deutschland dar. Weitere Adressen finden Sie in den einschlägigen Fachzeitschriften.

Deutschland:

PLZ 1....

Galerie am Gendarmenmarkt
R. Lippeck u. Dr. W. Barthelmess
Mohrenstr. 30
10117 Berlin-Mitte
Tel. 0 30/23 82 05

Kunsthandel Faehte
Fasanenstr. 69
10179 Berlin
Tel. 0 30/8 81 67 83

Hans Horst Koch
Buch- und Kunstantiquariat
Kurfürstendamm 216
10719 Berlin
Tel. 0 30/8 82 63 60

Manfred Heckmann
Schöne alte Möbel
Fasanenstr. 13
10263 Berlin
Tel. 03 11/3 13 97 11

Dieter Haase
Kunsthandel
Fritschestr. 65
10585 Berlin

Galerie Nierendorf
Hardenbergstr. 19
10623 Berlin
Tel. 0 30/7 85 60 60

Galerie Tableau
Kantstr. 13
10623 Berlin
Tel. 0 30/3 12 41 86
Gemälde

Galerie Berinson
Niebuhrstr. 2
10629 Berlin
Tel. 0 30/8 82 64 64

Michael Haas
Galerie
Niebuhrstr. 5
10629 Berlin
Tel. 0 30/8 82 70 06

Christian Harwart
Antik-Waffen
Mommsenstr. 29
10629 Berlin
Tel. 0 30/3 24 17 42

Peter A. Lipp
Galerie alter Meister
Wilmersdorfer Str. 71
10629 Berlin
Tel. 0 30/3 23 14 34

Art 1900
Art-Nouveau, Art-Déco
Kurfürstendamm 53
10707 Berlin
Tel. 0 30/8 81 56 27

Galerie Binhold
Kurfürstendamm 48
10707 Berlin
Tel. 0 30/8 81 38 55

G. Bustert
Kurfürstendamm 52
10707 Berlin
Tel. 0 30/8 81 88 59

Kunstgalerie Gleser
Kurfürstendamm 48
10707 Berlin
Tel. 0 30/8 82 60 50

Ludwig Lange
Galerie
Wielandstr. 26
10707 Berlin
Tel. 0 30/8 81 29 26

Mecki's Basar
Einichtungen und Antiquitäten
Konstanzer Str. 14
10707 Berlin
Tel. 0 30/87 04 61

Galerie Neiriz Berlin
Kurfürstendamm 175
10707 Berlin
Tel. 0 30/8 82 32 32
Teppiche, Textilien, zeitgenössiche Kunst

Leo Spik KG
Kurfürstendamm 66
10707 Berlin
Tel. 0 30/8 83 61 70
Gemälde

A. v. Bethmann-Hollweg/
Volker Westphal
Kunsthandel OHG
Fasanenstr. 68
10719 Berlin
Tel. 0 30/8 82 11 62
Möbel, Gemälde, Kleinkunst

Galerie Brusberg Berlin
Kurfürstendamm 213
10719 Berlin
Tel. 0 30/8 82 76 82/83

Galerie Dobrescu
Fasanenstr. 29
10719 Berlin
Tel. 0 30/8 81 10 46
Antiquitäten

Susanne Gropp KG
Fasanenstr. 72
10719 Berlin
Tel. 0 30/8 82 76 16

Galerie Pels-Leusden
Fasanenstr. 25
10719 Berlin
Tel. 0 30/8 82 68 11
Gemälde, Plastik, Graphik 19. u. 20. Jh.

Erdmut F. Pluntke
Kunst und Antiquitäten
Pariser Str. 45
10719 Berlin
Tel. 0 30/8 81 71 65

Seidel u. Sohn
Fasanenstr. 70
10719 Berlin
Tel. 0 30/8 82 16 21
Kunst

G. Venzke
Alte Asiatische Kunst
Fasanenstr. 71
10719 Berlin
Tel. 0 30/8 83 61 17

Wolfgang Werner GmbH & Co KG
Graphisches Kabinett – Kunsthandel
Fasanenstr. 72
10719 Berlin
Tel. 04 21/32 74 78

A. Wittenborn-Czubaszek und
J. Czubaszek
Kunsthandel – Antiqutitäten
Fasanenstr. 61
10719 Berlin
Tel. 0 30/8 83 11 01

Gisela Büber
Antiquitäten
Fuggerstr. 5
10777 Berlin
Tel. 0 30/2 18 42 19

Herbert Klewer
Kunsthaus – Antiquitäten – Gemälde
Regensburger Str. 9
10777 Berlin
Tel. 0 30/2 11 43 02

Holger Martin
Kunsthandel
Eisenacher Str. 118
10777 Berlin
Tel. 0 30/2 15 92 95
Antiquitäten

Peter Wall
Antiquitäten, Gemälde
Eisenacher Str. 1
10777 Berlin
Tel. 0 30/2 18 42 70

Galerie St. Petersburg
Russische und westeuropäische Kunst
Keithstr. 15
10787 Berlin
Tel. 0 30/2 11 92 95

Ulrich Gronert
Kunsthandel
Keithstr. 10
10787 Berlin
Tel. 0 30/2 18 15 85

Christian Hansen
Kunsthandel
Keithstr. 13
10787 Berlin
Tel. 0 30/2 14 28 99

Günter Herm
Antiquitäten, Kunst und Wohnen
Keithstr. 19
10787 Berlin
Tel. 0 30/2 11 61 52

Eva Lohmaier
Galerie
Keithstr. 5
10787 Berlin
Tel. 0 30/2 13 68 62

Plötz-Peters
Kunst und Antiquitäten
Keithstr. 8
10787 Berlin
Tel. 0 30/2 11 44 76
Antiquitäten, Miniaturen, Schmuck, Porzellan

Ruth Schmidt
Ostasiatische Kunst
Keithstr. 19
10787 Berlin
Tel. 0 30/2 13 60 49

Jörg Schwandt M.A.
Kunsthandel
Keithstr. 10
10787 Berlin
Tel. 0 30/2 18 50 17
Kunst 20. Jh., Silber

Karin Sonnenthal
Galerie, Antiquitäten,
Einrichtungen
Keithstr. 19
10787 Berlin
Tel. 0 30/2 14 21 21

Stolle GmbH
Bayreuther Str. 9 a
10789 Berlin
Tel. 0 30/2 18 16 66
Rahmen, Graphik, Kleinkunst

Helga Munsky
Die Uhrensammlung
Horst-Kohl-Str. 6
12157 Berlin
Tel. 0 30/7 95 99 09

A. u. W. Hirschfeld
Hauptstr. 72
12159 Berlin
Tel. 0 30/8 52 30 14
Uhren

Ernst Fritzsche
Alt-Japan und China-Kunst
Rheingaustr. 14
12161 Berlin
Tel. 0 30/8 21 74 10
Ostasiatica

Wolfgang Bock
Ostasiatica
Gardeschützenweg 92
12203 Berlin
Tel. 0 30/8 33 29 29

Ebner von Eschenbach
Eisenacher Str. 8
12629 Berlin
Tel. 0 30/2 18 11 17
Kunst

Wilhelm Weick
Eisenacher Str. 10
12629 Berlin
Tel. 0 30/2 18 75 00
Möbel und Kunstgewerbe 18. Jh.,
Gemälde 19. Jh.

Adelbert Stahlmach
Eisenacher Str. 119
12685 Berlin
Tel. 0 30/2 15 20 91
Kunst

Alterna Kontor für antike Öfen
Am Rosenanger 81
13465 Berlin
Tel. 0 30/8 81 38 39

Ulf Oldenburg
Bergstr. 13
13467 Berlin
Tel. 0 30/7 91 55 33

Helga Ritscher und
Alexander Sandmair
Schmuck der Antike und vom
17. bis zum 20. Jahrhundert
Prinz-Friedrich-Leopold-Str. 5
14129 Berlin (Nikolaussee)
Tel. 0 30/8 03 45 98

Gerda Bassenge
Galerie
Erdener Str. 5 a
14193 Berlin
Tel. 0 30/8 92 90 13

Dürlich & Schwarzbaum
Antiquitäten
Trabener Str. 56
14193 Berlin
Tel. 0 30/8 92 36 00
Silber, Möbel, Kleinkunst

Aug. Mau – Antiquitäten
Am Brink 1
18057 Rostock
Tel. 03 81/2 29 19
Kunst, Antiquitäten

PLZ 2....

Bernhard ter Hazeborg
Antiquitäten und Inneneinrichtung
Milchstr. 11
20148 Hamburg
Tel. 0 40/4 10 10 16

Hans Brockstedt
Galerie
Magdalenenstr. 11
20148 Hamburg
Tel. 0 40/4 10 40 91
Kunst d. 20er Jahre und
Gegenwart

Dr. Rolf Heuts
Antiquitäten
Milchstr. 4
20148 Hamburg
Tel. 0 40/44 24 23
Englische und kontinentale
Möbel d. 18. u. 19. Jh.

Klaus-Peter Westenhoff
GmbH
Galerie
Magdalenenstr. 21
20148 Hamburg
Tel. 0 40/44 02 93
Kunst d. 20. Jh.

Waltraud Basedau
Feine alte Spazierstöcke
Harvestehuder Weg 59
20149 Hamburg
Tel. 0 40/4 10 78 82

Carl-Christian Garbers
Silver & Fine Art
Sophienterrasse 20
20149 Hamburg
Tel. 0 40/44 89 49

Thomas Liedigk
Galerie
Rothenbaumchaussee 207
20149 Hamburg
Tel. 0 40/45 61 39
Kunst d. 19. Jh.

N. u. Dr. S. Simonian GmbH
Galerie antiker Kunst
Oberstr. 110
20149 Hamburg
Tel. 0 40/45 50 60

Engelberta von Velsen
Antiker Schmuck
Eppendorfer Landstr. 24
20249 Hamburg
Tel. 0 40/47 09 25

Helga Maria Weber
Rahmen des 17.–19. Jahrhunderts
Eppendorferbaum 23
20249 Hamburg
Tel. 0 40/47 85 93/82

Galerie Mewes
Alte und neue Kunst
Lehmweg 51
20251 Hamburg
Tel. 0 40/48 11 26

Max Midinet & Co
Antiquitäten
Colonnaden 70
20254 Hamburg
Tel. 0 40/35 31 54

Thomas Bruns
Kunsthandel
Neuer Wall 43
20354 Hamburg
Tel. 0 40/36 44 19
Kunst, Porzellan

Dr. Maria Conradt
Das Bücherkabinett
A. u. C. Simon
Poststr. 14–16
20354 Hamburg
Tel. 0 40/34 32 36-3 48

Galerie Herold
Poststr. 36
20354 Hamburg
Tel. 0 40/35 26 57
Norddeutsche Kunst des Impressionismus und Expressionismus

Anat Isman-Fänder
Neue ABC-Str. 3
20354 Hamburg
Tel. 0 40/35 31 13
Schmuck, Jugendstil

Joachim Kufahl
Galerie an der Staatsoper
Große Theater-Str. 32
20354 Hamburg
Tel. 0 40/34 25 16

Mathias F. Hans
Galerie
Jungfernstieg 34
20354 Hamburg
Tel. 0 40/35 30 39

Urs S. Niederoest & Co
Kunsthandel
Hohe Bleichen 22
20354 Hamburg
Tel. 0 40/3442 11
Kunst, Porzellan, Kunsthandwerk d. 18. u. 19. Jh.

ZEN Galerie
Dr. Karl Hennig
Wexstr. 35
20355 Hamburg
Tel. 0 40/35 25 85

Winfried Bobsien
Kunsthandel
Alter Fischmarkt 11
20457 Hamburg
Tel. 0 40/33 70 12

Galerie Azadi
Deich-Str. 24
20459 Hamburg
Tel. 0 40/36 36 20
Teppiche, Textilien

Erika Jacobs
Kunsthandel
Johnsweg 2
21077 Hamburg
Tel. 0 40/7 60 20 38
Antiquitäten, Möbel, Kleinkunst, Gemälde

Sylvia Bottke
Auf dem Kauf 8
21335 Lüneburg
Tel. 0 41 31/3 71 59
Antiquitäten

Nikolai Antique
Lüner Str. 2+3
21335 Lüneburg
Tel. 0 41 31/3 26 22

Jean Hermsen & Co
Münz-Cabinett seit 1921
Hofweg 8
22085 Hamburg
Tel. 0 40/34 51 71
Antiquitäten, Münzen

Dr. Rainer Horstmann
Kunsthandel
Hofweg 69
22085 Hamburg
Tel. 0 40/2 70 04 28

Galerie XX
Hebbelstr. 3
22085 Hamburg
Tel. 0 58 22/18 47

Michael Hauptmann
Galerie
Schwanenwik 29
22087 Hamburg
Tel. 0 40/34 60 86

Edda Brinkama
Kunst & Antiquitäten
Rondeel 39
22301 Hamburg
Tel. 0 40/2 71 30 39

Dr. Hermann Specht – Pendulum
Maria-Luisa-Str. 5
22301 Hamburg
Tel. 0 40/48 62 14
Engl. Uhren d. 18. Jh.

Prinz & Möller
Ochsenzollerstr. 187–189
22417 Hamburg-Norderstedt
Tel. 0 40/5 23 99 15
Möbel des Biedermeier und Empire

Kegel und Konietzko
Exotische Kunst
Breckwoldtstr. 8
22587 Hamburg
Tel. 0 40/86 09 20

Thomas Le Claire
Kunsthandel
Elchaussee 156
22605 Hamburg
Tel. 0 40/8 81 06 46
Kunst, Meisterzeichnungen

Ottenti Kunsthandel GmbH
Elbschaussee 264
22605 Hamburg
Tel. 0 40/82 92 19
Skulpturen, Kunstgewerbe und Intarsienmöbel d. 15.–18. Jh.

Werner Kittel
Kunstkabinett
Corneliusstr. 5
22607 Hamburg
Tel. 0 40/8 90 25 24
Kunst u. Kunsthandwerk d. 18.–20. Jh.

Charlotte Gräfin von Finckenstein
Doris Blume
Kunsthandel
Elbchaussee 10–14
22765 Hamburg
Tel. 0 40/3 90 45 03

Galerie L
Elbchaussee 31
22765 Hamburg
Tel. 0 40/3 90 30 11
Zeitgenössisches Glas und Keramik

Peter Babendererde
Buch- und Kunstantiquariat
Große Burgstr. 35
23552 Lübeck
Tel. 04 51/7 07 76
Bücher, dekorative Graphik

Koch-Westenhoff
Galerie
23552 Lübeck
Hüxstr. 29
Tel. 04 51/7 28 08
Kunst d. 20. Jh.

Galerie von Negelein
Feldstr. 70
24105 Kiel
Tel. 04 31/80 21 40
Kunst, Gemälde, Kunsthandwerk, Möbel

Ilse Zielke
Galerie 17
Cranachstr. 17
24539 Neumünster
Tel. 0 43 21/2 44 67

Iris Eckert
Galerie
Hoogenkampweg 30
25999 Kampen-Sylt
Tel. 0 46 51/4 14 60

Antik Arians
Ostertorstr. 144
26670 Remels
Tel. 0 49 56/7 39
Antiquitäten, bes. Ostfriesland

Hubertus v. Heyden
Obere Straße 44
27283 Verden
Tel. 0 42 04/3 18
Antiquitäten und Kunsthandwerk

Eduard Sabatier
Galerie pro Art
Große Fischerstr. 2
27283 Verden
Tel. 0 42 31/36 66

Cohrs-Zirus
Galerie
Bergstr. 33
27726 Worpswede
Tel. 0 47 92/17 48

Viebahn
Kunsthandel
Wörpedahlerstr. 12
27726 Worpswede
Tel. 0 47 92/30 30

Galerie Bertram KG
Contrescarpe 45
28195 Bremen
Tel. 04 21/32 10 03

Dietmar Machold – Geigenbau
Außer der Schleifmühle 46
28203 Bremen
Tel. 04 21/32 17 66

Galerie Neuse
Kunsthandel GmbH
Contrscarpe 14
28203 Bremen
Tel. 04 21/32 56 42

Wolfgang Werner GmbH & Co KG
Graphisches Kabinett – Kunsthandel
Rembertistr. 1 a
28203 Bremen
Tel. 04 21/32 74 78

Peter Heuer
Uhren – Kunsthandel
Zur Munte 6
28213 Bremen
Tel. 04 21/21 11 26

Monica Borgward
Agentur und Galerie
Parkstr. 73
28209 Bremen
Tel. 04 21/3 47 99 54
Glas d. 19. u. 20. Jh.

Schröder und Leisewitz
Kunsthandel
Carl-Schurz-Str. 39
28209 Bremen
Tel. 04 21/34 40 83

PLZ 3....

Jens-H. Bauer
Galerie
Holzmarkt 4
30159 Hannover
Tel. 05 11/32 44 85
Kunstantiquariat

Erich Beckmann
Georgstr. 48
30159 Hannover
Tel. 05 11/32 30 74
Antiquitäten, Galerie

W. Löwe
Antiquitäten
Knochenhauerstr. 8
30159 Hannover
Tel. 05 11/32 53 82

Hermann Mooshage
Antiquitäten
Kramerstr. 23
30159 Hannover
Tel. 05 11/32 01 73

V. Rüter
Antiquitäten GmbH
Burgstr. 25
30159 Hanover
Tel. 05 11/32 47 47

H. Saal
Kunstsalon
Theodor-Lessing-Platz 1/B
30159 Hannover
Tel. 05 11/32 87 70
Antiquitäten, Porzellan, Kunsthandwerk

Freiherr von Senden´sches Kunstkabinett
Yorckstr. 1
30161 Hannover
Tel. 05 11/33 21 24

Jörg Schwiete
Antiquitäten in Herrenhausen
Alleestr. 15 und Königstr. 51
30167 Hannover
Tel. 0 51 21/71 77 74

Marika Marghescu
Galerie
Langensalzstr. 5
30169 Hannover
Tel. 05 11/88 19 18

L. Degener
Antiquitäten
Hindenburgstr. 33
30175 Hannover
Tel. 05 11/85 53 32

Pietro Gozzi
Königstr. 51
30175 Hannover
Tel. 05 11/34 16 83
Kunst und Antiquitäten

Galerie Koch
Königstr. 50
30175 Hannover
Tel. 05 11/34 20 06

Refugium Walter Koch
Galerie und Verlag
Volgersweg 19
30175 Hannover
Tel. 05 11/34 50 48

Aloys Menges & Söhne
Kunsthandel – Antiquitäten
Königstr. 51
30175 Hannover
Tel. 05 11/34 35 22

Galerie Rosenbach GmbH
Walderseestr. 24
30177 Hannover
Tel. 05 11/66 93 48

Lothar Bühnemann
Münzenhandlung
Heymannstr. 26
30539 Hannover
Tel. 05 11/52 61 27

Christoph Kühl
Galerie
Kaiser-Wilhelm-Str. 1
30559 Hannover
Tel. 05 11/52 37 51

Galerie Depelmann
Walsroder Str.305
30625 Langenhagen
Tel. 05 11/73 36 93

Galerie Sandvoss
Kantstr. 2
30625 Hannover
Tel. 05 11/55 44 11
Alte Kunst aus Asien

Galerie Lüpfert
Turnierweg 11
30916 Isernhagen
Tel. 05 11/73 61 78
Zeitgenössische Kunst

Gisela Voss
Kunst und Antiquitäten
Karl-Rogge-Weg 2
33332 Gütersloh
Tel. 0 52 41/2 95 38

Ravensberger Kunstspeicher
Ascheloher Weg 5
33790 Halle/Westf.
Tel. 0 52 01/79 63

Dietfried Schlichting
Antiquitäten
Lutherplatz 3–5
34117 Kassel
Tel. 05 61/1 84 05

Reinhold Schumann & Co
Wilhelmshöher Allee 82
und Sachsenstr. 1
34119 Kassel
Tel. 05 61/1 69 23
Kunst, Antiquitäten

Semler´s Fulda
Antiquitäten
Simpliziusbrunnen 15–17
36037 Fulda
Tel. 06 61/7 08 70

Siegrid Bohm
Antiquiäten
Barfüsserstr. 11–12
37073 Göttingen
Tel. 05 51/5 78 86

Joachim Mayer
Kunsthandel – Antiquitäten
Lange Geismarstr. 55
37073 Göttingen
Tel. 05 51/4 17 61

Ursula Mayer
Antiquitäten
Kurze Straße 7
37073 Göttingen
Tel. 05 51/4 77 22

Roswitha Eberwein GmbH
Antike Kunst Göttingen
Bismarckstr. 4
37085 Göttingen
Tel. 05 51/4 70 83
Antike Kunst, Kunsthandel, Antiquitäten

Karl Brunnarius
Kunsthandel
Ohtmarscher Hof
37619 Kirchbrak
Tel. 0 55 33/42 20
Kunst, Antiquitäten

Theodor Gent
Am Alten Petritore 6
38100 Braunschweig
Tel. 05 31/4 56 22
Antiquitäten

Galerie Schmücking
Lessingplatz 12
38100 Braunschweig
Tel. 05 31/4 49 60

PLZ 4....

J. u. P. Peiffer OHG
Bismarckstr. 51
40210 Düsseldorf
Tel. 02 11/33 52 61
Gemälde, Teppiche

Dietmar Wolf
Galerie
Bismarckstr. 50
40210 Düsseldorf
Tel. 02 11/13 22 68
Gemälde und Plastik d. 20. Jh.

Düsseldorfer Kunstsalon
Tonhallenstr. 16
40211 Düsseldorf
Tel. 02 11/35 65 97
Gemälde d. 19. Jh., Möbel, Teppiche

Paul Zerres
Kunstpassage
Worringer Str. 60
40211 Düsseldorf
Tel. 02 11/36 24 73

Axel Bender
Antiquariat KG
Königsallee 22/II
40212 Düsseldorf
Tel. 02 11/32 51 12

Karl Bengs
Japanische Kunst und
Antiquitäten
Königsallee 27
40212 Düsseldorf
Tel. 02 11/32 89 81

Günter J. Eichhorst
Alte Juwelen
Martin Luther-Platz 32
40212 Düsseldorf
Tel. 02 11/13 22 34

Galerie Ludorff
Königsallee 22/II
40212 Düsseldorf
Tel. 0211/32 65 66
BDKA

Galerie G. Paffrath KG
Königsallee 46
40212 Düsseldorf
Tel. 02 11/3 24 05

Maria Rutz
Königsallee 30
40212 Düsseldorf
Tel. 02 11/13 32 70
Antiquitäten

Gabriele Vierzig
Antiquitäten
Königsallee 21–23
Trinkaus-Galerie
40212 Düsseldorf
Tel. 02 11/32 49 58
Antiquitäten

Vömel KG
Galerie
Königsallee 30, Kö-Center
40212 Düsseldorf
Tel. 02 11/32 74 22
Gemälde, Graphik, Plastik
d. 20. Jh.

C. G. Boerner KG
Kasernenstr. 13/I
40213 Düsseldorf
Tel. 02 11/13 18 05
Kunstantiquariat, Graphik,
Handzeichnungen

Aufreiter GmbH
Hohestr. 22
40213 Düsseldorf
Tel. 02 11/32 69 65

Norbert Blaeser
Galerie
Im Alten Haus Bilker Str. 5
40213 Düsseldorf
Tel. 02 11/32 31 80

P. C. Casati
Kunsthandlung
Bastionstr. 13
40213 Düsseldorf
Tel. 02 11/32 67 30

China-Bohlken
Ostasiatische Antiquitäten
Altestadt 10
40213 Düsseldorf
Tel. 02 11/32 97 97

F. G. Conzen
Postfach 10 18 32
40213 Düsseldorf
Tel. 02 11/13 30 66-69
Kunsthaus, Rahmen- und
Leistenwerkstätten

Herbert Egenolf
Citadellstr. 14
40213 Düsseldorf
Tel. 02 11/32 05 50
Japanische Farbholzschnitte

Heinz Josef Esch
Kunsthandel
Schwanenmarkt 12
40213 Düsseldorf
Tel. 02 11/32 82 34

Sabrina Förster
Galerie
Poststr. 3
40213 Düsseldorf
Tel. 02 11/32 34 13
Zeichnungen, Aquarelle

Gierhards
Kunsthandel
Bilkerstr. 19
40213 Düsseldorf
Tel. 02 11/32 04 64

Heyduck
Kunsthandel
Bastionstr. 21
40213 Düsseldorf
Tel. 02 11/13 41 32

Hans Marcus
Buch- und Kunstantiquariat
Ritterstr. 10
40213 Düsseldorf
Tel. 02 11/32 59 40

Hans Mayer
Galerie
Grabbeplatz 2
40213 Düsseldorf
Tel. 02 11/13 21 35

Monika Müser
Empire- und Biedermeiermöbel
Schwanenmarkt 13
40213 Düsseldorf
Tel. 02 11/32 73 46

Galerie Neumann
Orangeriestr. 6
40213 Düsseldorf
Tel. 02 11/13 33 70
Kunst d. 20. Jh.

Päpke & Janowitz GmbH
Hohestr. 27
40213 Düsseldorf
Tel. 02 11/13 16 80
Kunst, Antiquitäten

Remmert und Barth
Galerie
Bilker Str. 20
40213 Düsseldorf
Tel. 02 11/32 22 49

A. Schürenberg
Kunsthandel
Kasernenstr. 55
40213 Düsseldorf
Tel. 02 11/32 55 49

Simonis
Galerie
Poststr. 3
40213 Düsseldorf
Tel. 02 11/32 48 73
Afrikanische Kunst

Winkelmann
Galerie
Neubrückstr. 10
40213 Düsseldorf
Tel. 02 11/32 43 87

Schwarzer GmbH
Galerie
Hüttenstr. 90
40215 Düsseldorf
Tel. 02 11/37 45 53

Elke und Werner Zimmer GmbH
Galerie
Oberbilker Allee 27
40215 Düsseldorf
Tel. 02 11/33 29 19

Peter Paashaus GmbH
Kunsthandel
Uhlandstr. 34
40237 Düsseldorf-Zoo
Tel. 02 11/68 25 68

Ursus-Presse
Galerie
Kaiserwertherstr. 272
40474 Düsseldorf
Tel. 02 11/43 19 03

Klaus-Udo Knoll
Roßstr. 154
40476 Düsseldorf
Tel. 02 11/45 21 92
Altes Spielzeug

Galerie Lingenauber
Schwerinstr. 38
40477 Düsseldorf
Tel. 02 11/49 42 02
Alte Meister

Torsten Bröhan GmbH
Gartenstr. 41
40479 Düsseldorf
Tel. 02 11/4 92 01 65
Galerie, Kunst und Kunsthandwerk d. 20. Jh.

W. Wittrock
Kunsthandel
Sternstr. 42
40479 Düsseldorf
Tel. 02 11/4 91 10 35

Keats – Antiqutitäten
Flachskampstr. 53
40627 Düsseldorf
Tel. 02 11/20 18 36

Karl Cohnen
Kunsthaus am Niederrhein
Hindenburgstr. 160
41061 Mönchengladbach
Tel. 0 21 61/1 56 55

Galerie Ars
Ingrid Hanke OHG
Postfach 21 05 54
41431 Neuss
Tel. 0 21 37/7 84 0

Holger Mühlenbeck
Galerie
Sadowastr. 12
42115 Wuppertal
Tel. 02 02/31 38 44
Antiquitäten, Kunst

Schmidt & Green
Kunsthandel
z. Zt. Schloßstr. 74
42285 Wuppertal
Tel. 02 02/8 82 76

Offermann & Schmitz
Wittelbacherstr. 31
42287 Wuppertal
Tel. 02 02/55 58 73
Alte Kunst aus China und Japan

Hardt – Galerie
Sieplenbusch 1
42477 Radevormwald
Tel. 0 21 95/80 58/59

K. J. Müllenmeister
Gemälde und Zeichnungen alter Meister
Börsenstr. 69
42657 Solingen
Tel. 02 12/80 90 04

T. Demessieur
Antiquitäten – Kunsthandel
Pfaffenberger Weg 87
42659 Solingen
Tel. 02 12/4 77 48

Manfred Rech
Galerie
Graf-Engelbert-Str. 5
42781 Haan
Tel. 0 21 29/78 20

W. Utermann KG
Betenstr. 12
44137 Dortmund
Tel. 02 31/57 10 21
Gemäldegalerie

Wilhelm Körs
Galerie an der Börse
Klosterstr. 29
45127 Düsseldorf
Tel. 02 11/35 15 75

Glass
Kunsthandel
Hans-Luther-Allee 21
45131 Essen
Tel. 02 01/77 49 33
Möbel d. 18. Jh., Teppiche, Antiquitäten, Textilien, Goldledertapeten d. 16.–18. Jh.

Tina Beltz
Markuspfad 3
45133 Essen
Tel. 02 01/41 14 18
Antiquitäten

Galerie Heimeshoff
Kennedyplatz 5/Moltkeplatz 5
45138 Essen
Tel. 02 01/23 04 90

Neher GmbH & Co KG
Galerie
Moltkeplatz 61
45138 Essen
Tel. 02 01/26 69 90

Günther Angelbeck
Kunst und Antiquitäten der Pharmazie und Medizin
Ostpreußenstr. 15
45259 Essen
Tel. 02 01/46 01 65

W. P. Graf v. Pfeil
Kunsthandel
Beisinger Weg 2 a
45657 Recklingshausen
Tel. 0 23 61/2 34 74

Dr. Werner Seppmann
Kunsthandel
Arenbergstr. 31
45721 Haltern/Westf.
Tel. 0 23 64/37 50

Michael Burzan
Tele Card Center
Postfach 11 01 52 K
46260 Dorsten
Tel. 0 23 69/15 04
Telefonkarten

Geschw. Rodenberg
Kunsthandel & Antiquitäten
Auf der großen Kirche
46325 Borken/Westf.
Tel. 0 28 61/22 67

August Genner & Co
Kunsthandlung
Sonnenwall 39
47051 Duisburg
Tel. 02 02/2 57 77
Gemälde, Aquarelle, Graphik

R. Schulte-Bahrenberg
Kunsthandel
Erftstr. 9
47051 Duisburg
Tel. 02 03/33 65 63

Ina-Maria Schacht
Antiquitäten GmbH
Schäferstr. 10
47166 Düsseldorf
Tel. 02 11/49 48 32
Biedermeier-Möbel, Schmuck,
Moderne Graphik

Karl-Ernst Becker
Alte Uhren
Zu den Erlen 37 A
47269 Duisburg
Tel. 02 03/76 64 69

F. Weber-Kiffe
Kunsthandel – Antiquitäten
Nieler Str. 51
47533 Kleve-Keeken
Tel. 0 28 21/3 08 81

Ars domus
Mennoniten-Kirch-Str. 50
47798 Krefeld
Tel. 0 21 51/2 23 28
Kunsthandel, Antiquitäten

Renate Olbrich - Galerie
Westwall 6
47798 Krefeld
Tel. 0 21 51/77 94 94

Josef Peerlings
Galerie
Friedrichstr. 49
47798 Krefeld
Tel. 0 21 51/2 97 43
Graphik d. 20. Jh.

Barbara Gräfin Keyserlingk
Uerdinger Str. 295
47800 Krefeld
Tel. 0 21 51/50 10 70
Möbel des Klassizismus

Dipl.-Ing. H. O. u. A. Dötsch
Ludgerstr. 85/Hötteweg
48143 Münster
Tel. 02 51/4 73 28
Antike Uhren

Frye & Sohn
Kunsthandel
Hörsterstr. 47–48
48143 Münster
Tel. 02 41/4 66 62

Lothar A. Mikus
Gesellschaft Kunst & Creation
Engelstr. 68
48143 Münster
Tel. 02 51/5 30 50

Michael Nolte
Kunsthandel
Bogenstr. 11-12
48143 Münster
Tel. 02 51/4 48 09

Theresia Stenderhoff
Antiquariat
Alter Fischmarkt 21
48143 Münster
Tel. 02 51/4 47 49

Hilmar M. Klemke
Kunsthandel OHG
Burchardstr. 26
48145 Münster
Tel. 02 51/3 45 57

U. Bruens
Alter Schmuck
Bohlweg 19 A
48147 Münster
Tel. 02 51/5 42 09

Ingrid Knirim
Kunstantiquariat
Kanalstr. 113
48147 Münster
Tel. 02 51/2 26 82

Ralf Schepers
Altes Silber
Bohlweg 19 B
48147 Münster
Tel. 02 51/51 14 99

Dr. van Delden & Cie
Marienstr. 17
49074 Osnabrück
Tel. 05 41/2 57 44
Antiquitäten

Karl Kremer
Kunsthaus
Hegerstr. 10
49074 Osnabrück
Tel. 05 41/2 23 24

A. Th. Wenner
Antiquariat
Heger Str. 2–3
49074 Osnabrück
Tel. 05 41/3 31 03 66

Reinhard Scholtissek
Kunsthandel
Dürerstr. 1
49143 Bissendorf
Tel. 0 54 73/12 77

PLZ 5....

A. Gmurzyska
Galerie
Goethestr. 65 a
50068 Köln
Tel. 02 21/37 64 40
Kunst d. 20. Jh.

Barbara Rieke
Antike Uhren
Am Schloßpark 27
50169 Kerpen-Türnich
Tel. 0 22 37/1 88 00

F. X. Hilbert
Ronheider Berg 221 a
50276 Aachen
Tel. 02 41/7 95 67

Kunsthaus Binhold
Hohe Str. 96
50667 Köln
Tel. 02 21/2 57 89 71

Galerie Boisserée
J. & W. Boisserée GmbH
Drususgasse 7–11
50667 Köln
Tel. 02 21/2 57 85 19

Brockmann-Lemke
Neven-DuMont-Str. 17–19
50667 Köln
Tel. 02 21/21 18 33
Antiquitäten

K. Edel
Galerie
Neumarkt 1 c
(Haus Fahrbach)
50667 Köln
Tel. 02 21/2 57 54 35
Alte Gemälde

Georg Fahrbach
Neumarkt 1c
50667 Köln
Tel. 02 21/2 57 54 25
Kunsthandlung, Antiquitäten

Roderich Feyen
Antiquitäten
St.-Apern-Str. 48–50
50667 Köln
Tel. 02 21/2 57 70 42

Kunstsalon Franke
Am Hof 30
50667 Köln
Tel. 02 21/25 65 65

Dr. Rolf Funken
Albertusstr. 4
50667 Köln
Tel. 02 21/2 57 12 34
Rheinische Kunst, Kunst d. 20. Jh.

Glöckner
Galerie
Breite Str. 112
50667 Köln
Tel. 02 21/2 57 61 30

Goyert
Kunsthandlung
Hahnenstr. 18
50667 Köln
Tel. 02 21/2 57 03 30
Alte Graphik, moderne Malerei und Graphik

Otto Hart
Antiquitäten GmbH
Zeughausstr. 26
50667 Köln
Tel. 02 21/13 53 76

Bernhard von Hünerbein GmbH
Lintgasse 22–26
50667 Köln
Tel. 02 21/2 57 79 78
Alte Musikinstrumente und -graphik

H. G. Klein
Alte Kunst – Antiquitäten
St. Apern-Str. 2
50667 Köln
Tel. 02 21/2 57 61 33

Benedikt Korth
Kunst und Antiquitäten
St. Apern-Str. 7
50667 Köln
Tel. 02 21/2 57 48 38

Antonio Krings
Alte Kunst
Richmodstr. 27
50667 Köln
Tel. 02 21/2 57 72 86

Kunsthaus am Museum
Carola van Ham
Drususgasse 1–5
50667 Köln
Tel. 02 21/2 57 85 15

Kunsthaus Lempertz
Neumarkt 3
50667 Köln
Tel. 02 21/9 25 72 90

H. P. Mohrholz
Antiquitäten
St. Apern-Str. 13
50667 Köln
Tel. 02 21/24 25 71

Eike Moog
Japanische Kunst des 16.–20. Jh.
Albertusstr. 9–11
50667 Köln
Tel. 02 21/32 01 73

Naescher
Galerie
Gertrudenstr. 25
50667 Köln
Tel. 02 21/2 57 82 18
Alte Kunst

Orangerie-Reinz GmbH
Galerie
Helenenstr. 2
50667 Köln
Tel. 02 21/2 57 50 38

K. H. Pohl
Lintgasse 5
50667 Köln
Tel. 02 21/2 57 76 05
Antike wissenschaftliche
Instrumente und Uhren

Peter Pütz
St.-Apern-Str. 17–21
50667 Köln
Tel. 02 21/2 57 49 95
Alte Juwelen

Rotmann – Galerie
St.-Apern-Str. 11
50667 Köln
Tel. 02 21/2 57 48 27
Ikonen, Silber, Fabergé, Schmuck

Iris Rust
Zeughausstr. 10
50667 Köln
Tel. 02 21/13 55 11

Seegert
Galerie
St.-Apern-Str. 70
50667 Köln
Tel. 02 21/2 57 70 57

Venator & Hanstein KG
Buch- und Kunstantiquariat
Cäcilienstr. 48
50667 Köln
Tel. 02 21/2 57 54 19

Axel G. Weber
Gertrudenstr. 19
50667 Köln
Tel. 02 21/2 57 60 87
Antiken, Ausgrabungen

Michael Werner
Galerie
Gertrudenstr. 24–28
50667 Köln
Tel. 02 21/2 57 82 71

Rudolf Zwirner
Galerie
Albertusstr. 18
50667 Köln
Tel. 02 21/2 57 48 41/42

Heinz Zühlsdorf
Galerie für antike Kunst
Auf dem Rothenberg 13
50667 Köln
Tel. 02 21/2 57 79 76

Baukunst-Galerie
Theodor-Heuss-Ring 7
50668 Köln
Tel. 0221/7 71 33 35
Kunst d. 20. Jh.

Herbert Arndt Dietze
Jugendstil und Art déco
Riehler Platz 3
50668 Köln
Tel. 02 21/72 88 13

Ulrich Fiedler
Galerie
Lindenstr. 19
50670 Köln
Tel. 02 21/2 40 13 38
Angewandte Kunst d. 20. Jh.

Hans H. Mischell
Von-Werth-Str. 33
50670 Köln
Tel. 02 21/13 41 04
Antiquitäten

Kunsthandlung Küppers
Teutoburger Str. 12
50678 Köln
Tel. 02 21/34 39 73

Galerie Claude
Art déco
Deutzer Freiheit 103
50679 Köln
Tel. 02 21/81 34 94

Galerie Dreiseitel
Aachener Str. 1013
50858 Köln
Tel. 02 21/48 38 88
Kunst d. 20. Jh.

R. Ruland – Kunsthandel
Werheider Str. 8
51069 Köln
Tel. 02 21/68 44 41
Antiquitäten, alte Kunst

Südstadt-Galerie
Galerie
Ohmstr. 16
51145 Köln
Tel. 02 21/34 18 88

Walter Biergans
Antiquitäten
Frankfurter Str. 215
51147 Köln (Wahn)
Tel. 0 22 03/6 32 50

Hagen Rehborn
Kiefernweg 15
51147 Köln
Tel. 0 22 03/2 83 23
Kunsthandel

Otto Schmitt
Kunsthandel
Glockenweg 2
51647 Gummersbach
Tel. 0 22 66/35 02

Odendahl & Kretschmer
Im Auel 38
51766 Engelskirchen-Loope
Tel. 0 22 63/21 62
Antiquitäten

Art et Decoration
Hannelore Grobusch
Kleinmarschierstr. 11–15
52062 Aachen
Tel. 02 41/3 63 51

Bardenheuer
Hof 6–8
52062 Aachen
Tel. 02 41/3 96 77
Antiquitäten

Collectos Cabinet
Kunstantiquariat
Pontstr. 38
52062 Aachen
Tel. 02 41/3 79 30

Wilhelm Oelbracht
Alte Vaalstr. 3
52074 Aachen
Tel. 02 41/8 34 76
Antiquitäten

Hans Steinbeck
Lemierserberg 137
52074 Aachen
Tel. 02 41/1 44 77
Antiquitäten

Siegi Theisen
Kunst und Antiquitäten
Kölner Str. 103
53840 Troisdorf
Tel. 0 22 41/7 34 35

Bödiger
Franziskanerstr. 17–19
53113 Bonn
Tel. 02 28/69 99 91

Galerie Pudelko
Heinrich-von-Kleist-Str. 11
53113 Bonn
Tel. 02 28/22 42 30
Kunst d. 20. Jh.

Galerie Marco Edition
Händelstr. 12
53115 Bonn
Tel. 02 28/65 12 08

Hanno Schreyer
Buch- und Kunstantiquariat
Euskirchener Str. 57–59
53121 Bonn-Endenich
Tel. 02 28/62 10 59

Erwin Commer
Rüngsdorfer Str. 32
53173 Bonn
Tel. 02 28/35 67 11
Antiquitäten

Paul Schweitzer
Kunst- und Orientteppich-
Haus
Löbestr. 1 und
Muffend. Hauptstr. 37
53173 Bonn-Bad Godesberg
Tel. 02 28/36 26 59

Irmgard und Bärbel Bartel
Oberkasseler Str. 10
53227 Bonn
Tel. 02 28/44 07 34
Kunsthandel-Versteigerungen

Marianne Neukirchner
Alte Kunst
Postfach 13 17
53498 Bad Breisig
Tel. 0 26 33/93 03

Dr. Thomas Schmitz-Avila
Kunsthandel
Koblenzer Str. 55
53498 Bad Breisig
Tel. 0 26 33/9 79 14

Elke Fries
Kunsthandel
Rhöndorfer Str. 32
53604 Bad Honnef/Rhöndorf
Tel. 0 22 24/

Günter Rust
Gutmühlenweg 6
53819 Neunkirchen-Seelscheid
Tel. 0 22 47/73 37
Antiquitäten, Uhren

Kaschenbach
Galerie
Fleischstr. 49–50
54290 Trier
Tel. 06 51/7 34 87

Kunsthaus Burg Bickendorf
Burgstr. 4
54636 Bickendorf
Tel. 0 65 69/4 44

Wolfgang Jakob Metzner GmbH
Antike Möbel, Restaurierungen, Antiquitäten
Liebfrauenstr. 1
55116 Mainz
Tel. 0 61 31/22 82 54

Max Eckels
Kunstobjekte
Firmungstr. 36/Görresstr. 10
56068 Koblenz
Tel. 02 61/3 65 60

Bernd Hardy
Kunsthandel
Lüderitzstr. 7
56076 Koblenz
Tel. 02 61/7 54 53

Silber Stube Hagen
Roonstr. 1
58089 Hagen
Tel. 0 23 31/33 99 88

Hans Kaiser
Kunsthandel
Am Höing 7
58097 Hagen
Tel. 0 23 31/87 02 66
Kunst, Antiquitäten

Egon Rusche
Alte Gemälde, Antiquitäten, antike Raumgestaltung
Lange Straße 2
59302 Oelde
Tel. 0 25 22/82 60

PLZ 6....

Cornelis C. Barras
Feine alte Juwelen
Neue Mainzer Str. 22
60311 Frankfurt/M
Tel. 0 69/25 14 55

Erich Bienert
Antiquitäten
Domplatz 10
60311 Frankfurt
Tel. 0 69/28 89 80

Galerie Brumme Frankfurt
Braubachstr. 34
60311 Frankfurt/M
Tel. 0 69/28 72 63

Wilhelm-M. Döbritz
Kunst- und Auktionshaus
Braubachstr. 10–12
60311 Frankfurt/M
Tel. 0 69/28 77 33

Joseph Fach
Fahrgasse 8
60311 Frankfurt/M
Tel. 0 69/28 77 61
Antiquitäten, Gemälde, Graphik,
Handzeichnungen, ill. Bücher

Galerie Hagemeier
Neue Mainzer Str. 60
60311 Frankfurt
Tel. 0 69/29 41 21

P. Michael Kegelmann
Antike Uhren
Saalgasse 3
60311 Frankfurt/M
Tel. 0 69/28 84 61

Galerie Krause
Theaterplatz 2
60311 Frankfurt/M
Tel. 0 69/28 77 37

Karl Lösch
Kunsthandel
Römerberg 34
60311 Frankfurt/M
Tel. 0 69/28 44 01
Antiquitäten, Möbel,
Kunstgewerbe

Niederlintner Fine Antiques
Fahrgasse 25
60311 Frankfurt/M
Tel. 0 69/28 82 39

Heinz Pieroth
Antiquitäten
Fahrgasse 23
60311 Frankfurt/M
Tel. 0 69/28 42 82
Antiquitäten, Möbel,
Kunstgewerbe

Thomas Poller
Kunsthandel
Kirchnerstr. 1–3
60311 Frankfurt/M
Tel. 0 69/28 52 69

Ritter-Antik
Heinrich Leichter GmbH
Kunsthaus für Biedermeier-Möbel
Fahrgasse 26
60311 Frankfurt/M
Tel. 0 69/39 11 12

M. u. D. Roos GmbH
Im Trierschen Hof 5
60311 Frankfurt/M
Tel. 0 69/28 12 97
Antiquitäten, Meißener Porzellan

Friedrich Ruttmann
gegr. 1864
Antiquitäten
Fahrgasse 19
60311 Frankfurt/M
Tel. 0 69/28 50 19
Antiquitäten, Möbel,
Kunstgewerbe

J. P. Schneider jr.
gegr. 1824
Gemälde, Graphik, Plastik
Roßmarkt 23
60311 Frankfurt/M
Tel. 0 69/28 10 33

Studio Art Deco
Am Römerberg 8–10
60311 Frankfurt/M
Tel. 0 60/29 28 18

Galerie Teutschbein
Weckmarkt 7, Am Dom
60311 Frankfurt/M
Tel. 0 69/28 85 16
Gemälde d. 19. Jh.

Galerie Rüdiger Urlass
Kunst und Kunsthandwerk des 20. Jahrhunderts
Fahrgasse 19
60311 Frankfurt/M
Tel. 0 69/29 57 27

Dr. Döring Kunsthandel GmbH
Rathenauplatz 2–8
60313 Frankfurt/M
Tel. 0 69/29 02 01
Antiquitäten, Jugendstil, Art déco

Frankfurter Kunstkabinett
Hanna Bekker vom Rath GmbH
Börsenplatz 13–16
60313 Frankfurt/M
Tel. 0 69/28 10 85
Kunst d. 20. Jh.

Dr. Kristine Oevermann
Krögerstr. 6
60313 Frankfurt/M
Tel. 0 69/29 57 08
Kunst

Helmut H. Rumbler
Kunsthandlung
Börsenplatz 13–15
60313 Frankfurt/M
Tel. 0 69/29 11 42
Alte Graphik

Karl Vonderbank
Goethestr. 11
60313 Frankfurt/M
Tel. 0 89/28 24 90
Graphik

Julia Wegener – Antiquitäten
Börsenplatz 13–15
60313 Frankfurt/M
Tel. 0 69/28 59 25

Weinheber – Antiquitäten
Börsenplatz 1
60313 Frankfurt/M
Tel. 0 69/28 80 79

Antiken-Kabinett
Kunst- und Ausgrabungsobjekte
früher Epochen
Ganghoferstr. 24
60320 Frankfurt
Tel. 0 69/51 90 15
Klass. Archäologie

Harry James Moody
Kunsthandel
Eichendorffstr. 2
60320 Frankfurt/M
Tel. 0 69/56 27 82

Galerie Exler
Lersnerstr. 40
60322 Frankfurt/M
Tel. 0 69/55 23 97
Islamisch-afrikanische Kunst,
Schmuck, Textilien

Knut Günther
Kunsthandels GmbH
Auf der Körnerwiese 19–21
60322 Frankfurt/M
Tel. 0 69/55 32 92

Dr. Busso Peus Nachf.
Münzhandlung
Bornwiesenweg 34
60322 Frankfurt/M
Tel. 0 69/55 59 95

Carl Schneider KG
Antiquitäten und Gemälde
Eschersheimer Landstr. 74
60322 Frankfurt/M
Tel. 0 69/55 67 26

Dr. Ewald Rathke
Kunst des 20. Jahrhunderts
Schumannstr. 43
60325 Frankfurt/M
Tel. 0 69/75 18 57

Galerie Gottschalk-Betz
Kurhessenstr. 17
60431 Frankfurt
Tel. 0 69/52 36 29
Moderne Glaskunst

Gerda Iser
Neumannstr. 92
60433 Frankfurt/M
Tel. 0 69/52 24 78
Antiquitäten

Reinhard Hess
Mörfelder Landstr. 62
60598 Frankfurt/M
Tel. 0 69/61 21 59
Antiquitäten, Möbel,
Kunstgewerbe

Mirjian Hill-Kaspar – Antiquitäten
Louisenstr. 13
61348 Bad Homburg
Tel. 0 61 72/2 16 19

Dr. Eva Toepfer – Kunsthandel
Friedrich-Bender-Str. 16
61462 Königstein im Taunus
Tel. 0 61 74/41 15
Silber, Golddosen

Galerie Flachsmann
Tanzhausstr. 1
61476 Kronberg/Taunus
Tel. 0 61 73/57 87
Kunst und Antiquariat aus Fernost

Herbert Schiffmann
Jaminstr. 2 B
61476 Kronberg i. Ts.
Tel. 0 60 81/1 65 20
Antiquitäten, Pharmazie

Rudolf Schöning
Jägerstr. 19
63322 Rödermark
Tel. 0 60 74/9 82 89
Kunst, Bücher, Glas, Porzellan, Ostasiatica

Otto von Mitzlaff – Kunsthandel
Schloß 2
63607 Wächtersbach
Tel. 0 60 53/39 22

Horst Grode
Alexanderstr. 31
64283 Darmstadt
Tel. 0 61 51/29 34 28

Galerie Michael
Dieburger Str. 150
64287 Darmstadt
Tel. 0 61 51/7 40 31/2

Franz Swetec
Moderne Kunst
Friedrich-Ebert-Str. 48
64347 Griesheim
Tel. 0 61 55/7 83 91

Herbert Ardelt
Taunusstr. 22
65183 Wiesbaden
Tel. 06 11/5 12 09

Galerie de Beisac
Taunusstr. 38
65183 Wiesbaden
Tel. 06 11/52 21 41
Antiquitäten, Möbel, Gemälde

Margitta Jahnke
Antiquitäten
Taunusstr. 5
65183 Wiesbaden
Tel. 06 11/52 92 09

Keul & Sohn
Galerie
Taunusstr. 33–35
65183 Wiesbaden
Tel. 06 11/52 26 61
Gemälde d. 19. Jh., Möbel

Dieter Kumpf
Kunsthandel
Taunusstr. 32
65183 Wiesbaden
Tel. 06 11/59 72 97

Auktionshaus Kunst GmbH
Taunusstr. 24
65183 Wiesbaden
Tel. 06 11/5 18 09

Ralf Oberacker
Taunusstr. 28
65183 Wiesbaden
Tel. 06 11/5 17 73

Carmen Rinnelt
Antiquitäten, Münzen und Antiquariat
Taunusstr. 36
65183 Wiesbaden
Tel. 06 11/52 33 07

Simon´s Antiques and Fine Art
Taunusstr. 28 und 50
65183 Wiesbaden
Tel. 06 11/52 28 41

Witkowski´s
Jugendstil, Art déco
Taunusstr. 24
65183 Wiesbaden
Tel. 06 11/59 04 65

Wolfgang Klendauer
Alte Gemälde – Skulpturen
Adolfstr. 14
65185 Wiesbaden
Tel. 06 11/5 92 95

Daniela Kumpf – Kunsthandwerk
Parkstr. 33
65189 Wiesbaden
Tel. 06 11/52 83 57

Dirk Wemmers – Kunsthandel
Steubenstr. 22
65189 Wiesbaden
Tel. 06 11/30 18 21

Galerie Gross
Idsteiner Str. 4
65193 Wiesbaden
Tel. 06 11/52 05 25

Kunstgalerie Hohenbuchau KG
Balzer GmbH & Co.
Schloßpark Hohenbuchau
65388 Schlangenbad-Georgenborn
Tel. 0 61 29/23 19
Alte Meister

Karlheinz Müller
Kunsthandel, Restaurierungen, Antiquariat
Lahnstr. 14
65606 Vilmar-Aumenau
Tel. 0 64 74/80 38/9

Antiquitäten Brune
Hardter Schloß
67434 Neustadt/Weinstraße
Tel. 0 63 21/3 26 25

Franz Bausback
N 3,9
68161 Mannheim
Tel. 06 21/2 58 08
Teppiche

Karl-Theodor Stahl
Kunsthandlung
P7, 16/17 Zürichpassage
68161 Mannheim
Tel. 06 21/2 20 22

Volker Brinkmann – Kunsthandel
Augusta-Anlage 18
68165 Mannheim
Tel. 06 21/44 85 14
Kunst, Porzellan, Kunsthandwerk d. 18. Jh.

Galerie Fahlbusch
Friedrichsplatz 6
68165 Mannheim
Tel. 06 21/40 61 26
Kunst d. 20. Jh.

Elke u. Werner Schreiber
Kunsthandel – frühe Porzellane
Augusta-Anlage 30
68165 Mannheim
Tel. 06 21/44 43 30

Winnikes Kunsthaus
Hauptstr. 138
69117 Heidelberg
Tel. 0 62 21/2 16 43
Porzellan, Fayencen, Möbel

H. G. Fein – Kunsthandel
Schloßwolfsbrunnenweg 21 A
69118 Heidelberg
Tel. 0 62 21/2 05 16
Alte Gemälde

Dipl.-Ing. Gerd Petersen
Kirchenstr. 5
69239 Neckarsteinach
Tel. 0 62 29/10 30

Galerie B
Bahnhofstr. 21
69412 Eberbach
Tel. 0 62 71/24 12

Elfriede Langeloh
Am Michelsgrund 14
69469 Weinheim
Tel. 0 62 01/6 73 35
Porzellan, Fayencen d. 18. Jh.

PLZ 7....

Frieder Aichele – Kunsthandel
Calwer Str. 38
70173 Stuttgart
Tel. 07 11/2 36 46 13
Zinn, Steinzeug, Ostasiatica

Dr. Paul Döser
Gemäldegalerie am Schloßgarten
Königstr. 1
70173 Stuttgart
Tel. 07 11/2 26 31 22

Ursula Dudek
Kunsthandel
Torstr. 25
70173 Stuttgart
Tel. 07 11/24 42 38
Schmuck, Fächer

W. T. Fischer
Kunsthaus
Torstr. 23
70173 Stuttgart
Tel. 07 11/24 41 63
Gemälde, Graphik, Rahmen

Werner Maas
Juwelier und Kunsthändler
Dorotheenstr. 2
70173 Stuttgart
Tel. 07 11/24 64 86
Juwelen, Schmuck, Silber

F. Ruzek
Torstr. 17
70173 Stuttgart
Tel. 07 11/24 56 11
Möbel, Porzellan

Schatzinsel
M. Bauer & Sohn
Königstr. 1
70173 Stuttgart
Tel. 07 11/29 64 82
Ostasiatica

Galerie Valentien
Königsbau
70173 Stuttgart
Tel. 07 11/22 16 25

Kunsthaus Schaller
Marienstr. 3
70178 Stuttgart
Tel. 07 11/16 26 50

Sigrid Keyes
Möbel, Antiquitäten des Biedermeier
Heusteigstr. 63
70180 Stuttgart
Tel. 07 11/6 40 52 71

Reiner Joniskeit
Lazarettstr. 14
70182 Stuttgart
Tel. 07 11/24 06 24
Gemälde, Bronzen

Hannelore Mayer – Galerie
Katharinenstr. 35
70182 Stuttgart
Tel. 07 11/24 36 76
Gemälde d. 19. u. 20. Jh.

A. C. Seeger-Wolff
Olgastr. 45
70182 Stuttgart
Tel. 07 11/24 61 58
Antiquitäten

Kunsthaus Bühler
Wagenbergstr. 4
70184 Stuttgart
Tel. 07 11/24 05 07
Gemälde, Stiche, Skulpturen

Albert Schäfer
Libanonstr. 90
70186 Stuttgart
Tel. 07 11/46 73 73
Altes Spielzeug

Hedwig u. Johannes Döbele
Salzmannweg 17
70192 Stuttgart
Tel. 07 11/29 20 83

Fritz Neidhardt
Antiquariat
Fleckenweinberg 12
70192 Stuttgart
Tel. 07 11/8 56 71 73

Oskar Ruff
Kunsthandel
Torstr. 25
Post: Salzmannweg 17
70192 Stuttgart
Tel. 07 11/29 50 96

Galeria Peruana
Schwabstr. 82
70193 Stuttgart
Tel. 07 11/6 36 31 84

Galerie Schlichtenmaier
Schloß Dätzingen
71120 Grafenau
Tel. 0 70 33/4 13 94
Gemälde, Grafik, Skulpturen

Hans-Willi Walter
Postfach 18 04
71229 Leonberg
Tel. 0 71 52/2 48 00
Altes Blechspielzeug

Klaus Hagedorn
Windsor Gallery
Bahnhofstr. 28
71732 Tamm
Tel. 0 71 41/60 38 45

Walter Breier
Antiquitäten – Kunsthandel
Bahnhofstr. 2
73265 Dettingen
Tel. 0 70 21/5 51 22

Schliemann Kunsthandel
Asia-Antik
Kirchheimer Str. 88
73265 Dettingen (Teck)
Tel. 0 70 21/5 41 34

Kunsthaus Trost
Beinstr. 25 29
73430 Aalen
Tel. 0 73 61/6 66 49
Möbel, alte Gemälde

Susanne Schaffrath-Larché
Galerie
Dillsteinerstr. 12
75173 Pforzheim
Tel. 0 72 31/2 58 00

K. Henninger-Tavcar – Kunsthandel
Hachelallee 7
75179 Pforzheim
Tel. 0 72 31/3 11 89
Kunsthandel, Miniaturen, Dosen, Vitrinenobjekte

Dieter Ziegelbauer
Schafhof 8
75433 Maulbronn
Tel. 0 70 43/28 64
Antiquitäten

Armin Gräff – Kunsthaus
Waldstr. 20
76133 Karlsruhe
Tel. 07 21/2 80 60

C. Kaupa
Kunst und Antquitäten
Herrenstr. 50 a
76133 Karlsruhe
Tel. 07 21/2 36 72

Galerie Ruf
Brahmsweg 3
76437 Rastatt
Tel. 0 72 22/2 83 53
Textilien, Kostüme

Apfelbaum-Galerie
Kaiser-Wilhelm-Str. 10
76530 Baden-Baden
Tel. 0 72 21/3 14 82

Richard Homann
Antiquitäten
Gernsbacher Str. 22
76530 Baden-Baden
Tel. 0 72 21/2 25 72

Herta Weber
Antiquitäten
Herman-Sielcken-Str. 2 a
76530 Baden-Baden
Tel. 0 72 21/2 33 70

Elfriede Wirnitzer
Galerie
Lilienmattstr. 6
76530 Baden-Baden
Tel. 0 72 21/2 67 25

Helmut Balser jr.
Antiquitäten
Igelbachstr. 16
76593 Gernsbach
Tel. 0 72 24/70 10

Kunsthaus Pollmann
Hofhalde 12
78462 Konstanz
Tel. 0 75 31/2 69 17

Dr. Hans Geiger – Kunsthandel
Schwarzwaldstr. 169
79102 Freiburg i. Breisgau
Tel. 07 61/2 32 32

René Simmermacher
Kunsthandel – Antiquariat
Talstr. 5
79102 Freiburg
Tel. 07 61/7 36 76

Günter Puhze GmbH
Galerie – Kunst der Antike
Stadtstr. 28
79104 Freiburg
Tel. 07 61/2 54 76

PLZ 8....

Emeran Fassnacht
Josephspitalstr. 15
80331 München
Tel. 0 89/59 23 36
Gemälde, Antiquitäen

Galerie v. Vertes
Neuturmstr. 2
80331 München
Tel. 0 89/83 27 77
Gemälde d. 19. und 20. Jh.

Peter Vogt
Antiquitäten im Rathaus
Marienplatz 8
80331 München
Tel. 0 89/29 41 32
Fayencen, Steinzeug,
Antiquitäten

M. & M. Wörndl
Antiquitäten am Kosttor
Falkenturmstr. 14
80331 München
Tel. 0 89/22 41 31

Galerie Acade
Prannerstr. 5
80333 München
Tel. 0 89/22 41 26

Helga Ahrend
Kunsthandel – Antiquitäten –
alter Schmuck
Prannerstr. 4
80333 München
Tel. 0 89/29 60 21
Schmuck, Kleinkunst,
Antiquitäten

Günter Apel
Kunst und Antiquitäten
Karlstr. 42 a
80333 München
Tel. 0 89/55 40 56
Zeichnungen, Gemälde,
Aquarelle

Dr. Balogh
Galerie
Theatinerstr. 35
80333 München
Tel. 0 89/22 72 14
Gemälde d. 17.–19. Jh.

Konrad O. Bernheimer
Kunsthandel
Promenadenplatz 13
80333 München
Tel. 0 89/22 66 72-74

Harry Beyer
Antiquitäten – Gemälde – Schmuck
Salvatorstr. 8
80333 München
Tel. 0 89/29 36 64
Antiquitäten, Gemälde

Julius Böhler
Pacellistr. 8
80333 München
Tel. 0 89/22 26 96

Ulf Breede
Residenzstr. 11
80333 München
Tel. 0 89/2 28 56 38
Schmuck

Daxer & Marschall
Kunsthandels GmbH
Wittelsbacherplatz 6
80333 München
Tel. 0 89/29 20 02
Möbel, Gemälde, Zeichnungen, Kunsthandwerk

Galerie Dr. Fresen
Ottostr. 13
80333 München
Tel. 0 89/59 21 70/71
Gemälde d. 19. u. 20. Jh.

Galerie Henrich
Theresienstr. 58
80333 München
Tel. 0 89/28 23 06
Silber, Gemälde, Antiquitäten

Eberhart Herrmann
Teppich-Antiquitäten
Theatinerstr. 42
80333 München
Tel. 0 89/29 34 02
Teppiche, Textilien

Galerie Heseler
Residenzstr. 27
80333 München
Tel. 0 89/29 96 61
Gemälde d. 19. u. 20. Jh.

Heinrich Hugendubel
GmbH & Co KG
Buchhandlung – Antiquariat
Salvatorplatz 2
80333 München
Tel. 0 89/2 38 90
Bücher, Graphik

Stefan Jordan
Kunst- und Antiquitäten-
handelsges. mbH
Amalienstr. 14–16
80333 München
Tel. 0 89/28 38 66
Silber, Möbel

Siegfried Kuhnke
Ottostr. 13
80333 München
Tel. 0 89/59 23 33
Gemälde, Plastiken,
Kunsthandwerk

Elfriede Lechner
Kunsthandel
Ottostr. 13
80333 München
Tel. 0 89/59 63 44
Porzellan, Miniaturen

Dr. Paul Linsmair
Augustenstr. 56
80333 München
Tel. 0 89/52 27 37
Möbel, Antiquitäten, Gemälde

Edmund Löwe
Amalienstr. 24
80333 München
Tel. 0 89/28 17 09
Möbel, Antiquitäten, Glas

Erika Lorenz-Haramus
Antiquitäten, Gemälde, Möbel,
Skulpturen
Kardinal-Faulhaber-Str. 3
80333 München
Tel. 0 89/22 73 39

Gisela Meier
Galerie
Prannerstr. 4
80333 München
Tel. 0 89/22 63 40
Gemälde d. 19. Jh.

E. Meletta
Antiquitäten GmbH
Briennerstr. 10
80333 München
Tel. 0 89/28 32 39
Möbel, Objéts d´art

Hildegard Metz de Benito
Theresienstr. 58
80333 München
Tel. 0 89/28 27 93
Skulpturen, Kunsthandwerk,
Möbel

Neidhardt
Brienner Str. 11
80333 München
Tel. 0 89/22 35 10

Otto-Galerie
Augustenstr. 45
80333 München
Tel. 0 89/52 93 92
Gemälde, Möbel, Silber

H. Reichert – Kunsthandel
Prannerstr. 7
80333 München
Tel. 0 89/22 08 46
Porzellan, Fayencen,
Kunstgegenstände

Galerie Reith
Schäfflerstr. 3–6
80333 München
Tel. 0 89/29 69 29
Gemälde d. 17.–20. Jh.

Herbert M. Ritter
Fürstenstr. 6
80333 München
Tel. 0 89/28 36 39
Silber

Röbbig München
Prannerstr. 3
80333 München
Tel. 0 89/29 97 58
Porzellan, Möbel

Hermann Roth
Antiquitäten
Ottostr. 11
80333 München
Tel. 0 89/55 78 10
Möbel, Skulpturen, Kleinkunst

Gertrud Rudigier
Kunsthandel
Arcostr. 1
80333 München
Tel. 0 89/59 54 32
Miniaturen, Kunstgewerbe

Gabriele Ruef
Antiquitäten
Ottostr. 13
80333 München
Tel. 0 89/55 74 20
Antiquitäten, Volkskunst

Helmut Schaller
Uhren, Jugendstil, Gemälde
Prannerstr. 5
80333 München
Tel. 0 89/22 45 03
Uhren, Gemälde, Jugendstil

Xaver Scheidwimmer
Kunsthandel
Barer Str. 3
80333 München
Tel. 0 89/59 49 79
Alte Gemälde, Skulpturen

Schlapka KG
Gabelsbergerstr. 9
80333 München
Tel. 0 89/28 86 17
Möbel und Kunst des Biedermeier

Dr. Helmut Seling
Kunsthandlung
Oskar-von-Miller-Ring 31
80333 München
Tel. 0 89/28 48 65
Silber

Galerie von Spaeth
Theresienstr. 19
80333 München
Tel. 0 89/2 80 91 32
Glas

Urban & Pierigal
Kunst- und Antiquitäten-Handels-GmbH
Prannerstr. 5
80333 München
Tel. 0 89/29 35 84
Skulpturen, sakrale Kunst

Anna-Maria Wager
Prannerstr. 4
80333 München
Tel. 0 89/69 26 21
Antiquitäten, Miniaturen, alter Schmuck

Galerie Waldrich
Theresienstr. 19
80333 München
Tel. 0 89/28 19 19
Modernes Glas

Isolde Weiß
Galerie – Gemälde des 19. Jahrhunderts
Ottostr. 13
80333 München
Tel. 0 89/55 71 20
Gemälde d. 19. u. 20. Jh.

Witt und Rüsch OHG
Maximiliansplatz 12
80333 München
Tel. 0 89/22 11 01
Möbel d. 18. Jh., Porzellan, Silber, Gemälde

Ursula Wittmann
Kunst und Antiquitäten
Ottostr. 13
80333 München
Tel. 0 89/55 71 20
Möbel, Porzellan, Schmuck

D. Hilmer
Bahnhofsplatz 2
80335 München
Tel.0 89/59 67 57
Philatelie, Ansichtskarten

Oscar Labiner
Ferdinand-Miller-Platz 3
80335 MÜnchen
Tel. 0 89/1 29 55 72
Schmuck, Silber, Kunsthandel

Sylvia Reichenberger
Arnulfstr. 1 (direkt am Hbf)
80335 München
Tel. 0 89/59 20 57
Telefonkarten, Banknoten,
historische Wertpapiere

Heinz Herzer
Antiken
Maximilianstr. 43
80538 München
Tel. 0 89/29 77 30
Ausgrabungen

Galerie Ostler
Thomas-Wimmer-Ring 3
80538 München
Tel. 0 89/2 28 92 64
Teppiche, Textilien

Karl Pfefferle
Gewürzmühlstr. 5
80538 München
Tel. 0 89/29 52 92
Alte Rahmen

Arnoldi-Livie
Galerie
Galeriestr. 2 B
80539 München
Tel. 0 89/22 59 20
Zeichnungen, Gemälde

Evgret von Bary
Königinstr. 37
80539 München
Tel. 0 89/28 53 01
Kunstgewerbe und Textilien
d. 18. Jh.

Galerie Biedermann
Maximilianstr. 25
80539 München
Tel. 0 89/29 72 57
Handzeichnungen, klass.
Moderne, afrikanische
Keramik

W. T. Fischer
Maximilianstr. 31
80539 München
Tel. 0 89/22 27 87
Volkskunst, Kunsthandwerk

Gemini
Herrnstr. 13
80539 München
Tel. 0 89/28 37 17
Japanische Antiquitäten

Galerie Gunzenhauser
Maximilianstr. 10
80539 München
Tel. 0 89/22 30 30

Sabine Helms – Kunsthandel
Kaulbachstr. 35
80539 München
Tel. 0 89/28 56 57
Gemälde, Zeichnungen d. 19. u. 20. Jh.

Ethnographica Henseler
Galeriestr. 2 a
80539 München
Tel. 0 89/22 11 76
Überseeische Kunst

B. Koestler GmbH
Kunsthandlung
Maximilianstr. 28
80539 München
Tel. 0 89/22 15 08

Knuth H. Oexmann – Kunsthandel
F.-J.-Strauß-Ring 4
80539 München
Tel. 0 89/22 19 67
Möbel, Antiquitäten

Stefan Rautenberg
Maximilianstr. 31
80539 München
Tel. 0 89/22 27 76
Außereuropäische Kunst

Galerie Rieder
Maximilianstr. 22
80539 München
Tel. 0 89/29 45 17
Kunst d. 20. Jh.

Galerie Telkamp
Maximilianstr. 6
80539 München
Tel. 0 89/22 62 83
Silber, Antiquitäten, Gemälde

Raimund Thomas
GmbH & Co KG
Galerie und Edition
Maximilianstr. 25
80539 München
Tel. 0 89/22 27 41
Kunst d. 20. Jh.

Galerie Seufert-Stock
Artilleriestr. 5
80636 München
Tel. 0 89/18 33 49
Textile Kunst, ethnolog. Schmuck

Dr. Hans Fetscherin
Gemälde – Graphik
Maréestr. 9
80638 München
Tel. 0 89/17 27 60
Gemälde, Graphik, naive Malerei

Silber-Keller – Kunsthandel
Stievestr. 9
80638 München
Tel. 0 89/1 78 19 56
Silber, Bestecke

L. Leuthenmayr
Agnes-Bernauer-Str. 112
80687 München
Tel. 0 89/56 26 77
Schmuck, Möbel

Bauer-Krüger
Amalienstr. 33
80799 München
Tel. 0 89/28 13 32
Schmuck

Bohnhoff & Pluntke
Adalbertstr. 54
80799 München
Tel. 0 89/2 71 75 62

Galerie Fleischmann
Barer Str. 60
80799 München
Tel. 0 89/2 80 90 42
Bilder, Zeichnungen,
Bronzeplastiken

S. Mehringer
Barer Str. 39
80799 München
Tel. 0 89/28 21 25
Skulpturen, Gemälde

Neumeister
Münchner Kunstauktionshaus
KG
Barer Str. 37
80799 München
Tel. 0 89/2 31 71 00
Gemälde, Anitquitäten, Möbel,
Skulpturen

Roderich Pachmann
Barer Str. 60
80799 München
Tel. 0 89/28 24 91
Volkskunst, Fayencen, Steinzeug,
Kunsthandwerk

D. E. Seiler
Georgenstr. 51
80799 München
Tel. 0 89/2 71 80 10
Wiener Bronzen, Tierplastiken

Stefan Vogdt
Kurfürstenstr. 5
80799 München
Tel. 0 89/2 71 68 57
Kunst und Antiquitäten d. 20. Jh.

Robert Wölfle
Buch- und Kunstantiquariat
Amalienstr. 65
80799 München
Tel. 0 89/28 36 26

Richard P. Hartmann - Galerie
Franz-Joseph-Str. 20
80801 München
Tel. 0 89/34 79 67
Gemälde, Graphik, Skulpturen

Christel Reuther - Galerie
Seestr. 4
80802 München
Tel. 0 89/39 17 11
Rahmen, Spiegel, Kleinmöbel

Galerie Grünwald
Römerstr. 26/III
80803 München
Tel. 0 89/34 75 62

Galerie Ritthaler
Bismarckstr. 2
80803 München
Tel. 0 89/39 11 12
Freie und angewandte Kunst
d. 20. Jh.

Günter Kiehl & Co OHG
Antiquitäten
Hörwarthstr. 51
80804 München
Tel. 0 89/36 39 19

Peter Griebert - Galerie
Ricarda-Huch-Str. 4
80807 Grünwald b. München
Tel. 0 89/6 41 30 54
Gemälde

Schoettle Ostasiatica
Galerie für Tibetische Kunst
Ehrenfelsstr. 2
81375 München
Tel. 0 89/7 14 15 15

Konrad Riggauer
Lilienstr. 11-13
81669 München
Tel. 0 89/48 15 85
Rahmen, Kunsthandwerk

Bernd Dürr - Galerie
Oberföhringer Str. 12
81679 München
Tel. 0 89/98 52 28

Ursula Niederecker
Galerie am Herzogpark
Kufsteiner Platz 5
81679 München
Tel. 0 89/98 18 00
Kunst und Möbel des Empire und Biedermeier

Galerie Seifert-Binder
Keplerst. 1
81679 München
Tel. 0 89/47 73 04
Gemälde, Graphik, Skulpturen

Helga Matzke
Wörnbrunnerstr. 11
82031 Grünwald
Tel. 0 89/6 41 70 67

Maria Siebolts
Kunst und Gemälde Marsie
Waldstr. 2
82041 Oberbiberg
Tel. 0 89/ 6 23 41 93
Gemälde d. 19. Jh.

Galerie Schüller
Antiquitäten und Gemälde
Am Römerstein 28
82205 Gilching
Tel. 0 81 05/18 88
Gemälde d. frühen 20. Jh.

Dr. Hans Schneider
Musikantiquariat
Mozartstr. 6
82327 Tutzing
Tel. 0 81 58/30 50
Musikinstrumente

G. L. Hartl GmbH
Schloß Egg
82347 Bernried
Tel. 0 99 05/1361
Ostasiatica

Galerie Pritschow
Am Kurpark 16
82467 Garmisch-Partenkirchen
Tel. 0 88 21/22 17/16
Gemälde d. 19. Jh., Teppiche, Bauernmöbel

Stefan zum Sande
Exclusive Gemälde
Dettenhausen 10a
82544 Egling
Tel. 0 81 76/ 3 13

Galerie Gailer
Marienplatz 9/II
83043 Bad Aibling
Tel. 0 80 61/23 01
Gemälde d. 19. u. 20. Jh.

Josef Sollinger
Kunst und Antiquitäten
Maxplatz
83278 Traunstein/Obb.
Tel. 08 61/45 00

Rupert Dorrer
Volkskunst und Plastik
Biberlöd 4
83324 Ruhpolding
Tel. 0 86/18 73

Galerie Weber
Roggendorfer Str. 27
83607 Holzkirchen
Tel. 0 80 24/82 85

E. u. B. Böck
Antiquitätenhaus Rottach
Seestr. 11
83700 Rottach-Egern
Tel. 0 80 22/51 34

Galerie am See
Ganghoferstr. 15
83700 Rottach-Egern/Tegernsee
Tel. 0 80 22/6 72 13
Möbel, Skulpturen, Ausgrabungen

Galerie Maulberger
Ludwig-Thoma-Str. 11
83700 Rottach-Egern
Tel. 0 80 22/6 53 56
Gemälde d. 19. u. 20. Jh.

Galerie Duensing
Tölzer Str. 2
83703 Gmund a. Tegernsee
Tel. 0 80 22/7 45 80
Gemälde d. 19. Jh.

Hölzermann
Antiquitäten – Kunsthandel
Mühltalstr. 16
83703 Gmund am Tegernsee
Tel. 0 80 22/7 43 50
Möbel, Antiquitäten

Hans-Jörg Sievert
Tölzer Str. 129
83703 Gmund-Finsterwald
Tel. 0 80 22/7 48 77

Richard Bierstorfer
Ringerbergstr. 10
83707 Bad Wiessee
Tel. 0 80 22/8 12 25
Möbel, Skulpturen

Peter Piller
Antiquitäten an der Heilig-Geist-Kirche
Hl.-Geist-Gasse 398
84028 Landshut
Tel. 08 71/2 13 76
Möbel, Antiquitäten

Jos. Seidl
Altstadt 17
84028 Landshut
Tel. 08 71/66 26
Antiquitäten

Johannes K. u.
Ev. Trützschler
Schloßstr. 1
84085 Schloß Adlhausen/Ndb.
Tel. 0 94 52/6 66
Möbel, Volkskunst

Galerie Siegfried Billesberger
Billesberger Hof
85452 Mossinning
Tel. 09 51/5 54 45
Handzeichungen, Künstlergraphik

Wolfgang Beckert
Kunst und Antiquitätenkleinkunst
Münchner Str. 16
85609 Aschheim
Tel. 0 89/9 03 86 92

Günter Müller – Kunsthandlung
Maximilianstr. 54
86150 Augsburg
Tel. 08 21/3 84 30
Kunstgewerbe, Möbel

Anton Kühling
Georgenstr. 23
86152 Augsburg
Tel. 08 21/3 01 26
Möbel, Skulpturen, Kunsthandwerk

Margot Lörcher
Gartenstr. 13
86482 Aystetten b. Augsburg
Tel. 08 21/48 9028
Ostasiatica, jap. Farbholzschnitte

Galerie Faust
Kneipstr. 18
86825 Bad Wörishofen
Tel. 0 82 47/55 70
Gemälde d. 19. Jh.

Helene Gutschow
Hans-Holzmann-Str. 5
86825 Bad Wörishofen
Tel. 86825 Bad Wörishofen
Tel. 0 82 47/29 58

Elmar Reisch
Kunst und Antiquitäten
Seestr. 1
88045 Friedrichshafen
Tel. 0 75 41/2 33 77

Michael Zeller
Cramergasse 3/Maximilianstr. 25 a
88131 Lindau
Tel. 0 88 82/40 27
Gemälde, Meißen, Antiquitäten, Juwelen, Silber

Margret Biechele
Schloßstr. 67
88416 Ochsenhausen
Tel. 0 73 52/82 37
Antiquitäten, Möbel, Skulpturen

Georg Britsch
Kunsthandel – antike Waffen
Drümmelberg 9
88427 Bad Schussenried
Tel. 0 75 83/24 14

G. B. Mathias – Kunsthandlung
Münsterstr. 10
88662 Überlingen
Tel. 075 51/6 34 13
Kupferstiche

Dieter Trüjen – Kunsthandel
Aufkirch 29
88662 Überlingen/Bodensee
Tel. 0 75 51/6 60 34

Galerie Mewes
Ensingerstr. 50
89073 Ulm
Tel. 07 31/6 35 77
Alte Waffen, Asiatica

PLZ 9....

Christoph Frhr. v. Seckendorff-Aberdar
Kunsthandel
Füll 8
90403 Nürnberg
Tel. 09 11/22 63 06
Kunstgewerbe, Gemälde

Dr. Hellmut Frhr. v. Bibra
Alte Kunst in Schloß Adelsdorf
91325 Schloß Adelsdorf
Tel. 0 91 95/23 41
Barockmöbel und Fayencen

Ulf D. Härtl
Kunsthandel
Ringstr. 33
91334 Hemhofen
Tel. 0 91 95/71 86

Peter Weiss
Alte Kunst
Herrnstr. 23
91541 Rothenburg ob der Tauber
Tel. 0 98 61/34 59

Rudger Huber
Am Plattenberg 11
Mörnsheim/Mühlheim
91804 Tel. 0 91 45/63 00
Altes Blechspielzeug

Eduard Baumann
Kramgasse 6
und Obermünster 12
93047 Regensburg
Tel. 09 41/5 33 22
Möbel, Antiquitäten

Badum Antiquitäten
Kunsthandel
Dominikanerstr. 1
96049 Bamberg
Tel. 09 51/5 26 96
Möbel, Glas, Uhren

Blokesch
Kunst und Antiquitäten
Karolinenstr. 14
96049 Bamberg
Tel. 09 51/5 54 45

Peter Löblein
Antike Uhren
Karolinenstr. 13
96049 Bamberg
Tel. 09 51/5 24 00
Uhren, Schmuck, Kleinkunst

Senger Bamberg
Kunsthandel
Karolinenstr. 8–10
96049 Bamberg
Tel. 09 51/5 40 30
Möbel, Gemälde, Skulpturen

Wolf-D. Amelung
Kunsthandlung
Karmelitenstr. 15
97070 Würzburg
Tel. 09 31/5 84 48
Fayencen, Porzellan, Steinzeug

Wolfgang Baum
Karmelitenstr. 23
97070 Würzburg
Tel. 09 31/5 92 53
Möbel, Kunsthandwerk,
Skulpturen

Gebrüder Büchner
Hofstr. 10
97070 Würzburg
Tel. 09 31/5 45 29
Antiquitäten, Möbel

Manfred Giolda
Kunst um 1800 – Altes Silber
Kardinal-Faulhaber-Platz 4
97070 Würzburg
Tel. 09 31-5 57 04
Gebrauchssilber des Klassizismus

Gerhard Hetzler GmbH
Franziskanergasse 1
97070 Würzburg
Tel. 09 31/5 80 94
Schmuck, Silber, Möbel

Herm. P. Lockner
Heinestr. 7
97070 Würzburg
Tel. 09 31/5 67 24
Kunstgewerbe

Franz Xaver Müller
Kunsthandlung – Antiquariat
Kardinal-Faulhaber-Platz 2
97070 Würzburg
Tel. 09 31/5 26 24
Kunstgewerbe, Möbel

Albrecht Neuhaus
Heinestr. 9
97070 Würzburg
Tel. 09 31/5 68 49
Kunstgewerbe, Möbel, Gemälde,
Skulpturen, Silber

Barbara Rummel – Kunst-
handlung
Textorstr. 13–15
97070 Würzburg
Tel. 09 31/1 29 39
Möbel, Skulpturen, Kunst

Joachim Baum
Rottendorfer Str. 22
97074 Würzburg
Tel. 09 31/7 65 61

Heide Hübner
Händelstr. 21 a
97074 Würzburg
Tel. 09 31/7 40 33
Gemälde, Glas

Edgar Knabenbauer
Kunst und Antiquitäten
Rotkreuzstr. 5
97080 Würzburg
Tel. 09 31/5 58 78
Miniaturen, Porzellan, Pendulen

Oberle Kunsthandel
Steinbachtal-Rossberg
97082 Würzburg
Tel. 09 31/88 75 01
Möbel, Kunstgewerbe

Hermann Hanßen
Reichmannshäuser Str. 15
97453 Schonungen-Löffelsterz
Tel. 0 97 27/13 37

Margit und Franz Griebel
Antiquitäten
Thenbergstr. 15
97616 Bad Neustadt
Tel. 0 97 71/22 11
Antiquitäten

Österreich:

Galerie Asboth
Spiegelgasse 19
A-1010 Wien
Tel. 02 22/5 12 51 37

Bel Etage
Wolfgang Bauer
Mahlerstr. 15
A-1010 Wien
Tel. 02 22/5 12 23 79

Galerie Alfred Binder
Weihburggasse 11
A-1010 Wien
Tel. 02 22/5 13 52 82

D & S Antiquitäten
Dorotheergasse 13
A-1010 Wien
Tel. 02 22/5 12 58 85

Kunsthandel Alfred Kolhammer
Dorotheergasse 15
A-1010 Wien
Tel. 02 22/5 13 20 63

Galerie Kovacek
Stallburggasse 2
A-1010 Wien
Tel. 02 22/5 12 12 16

Kunstsalon Mag. Peter Kovacek
Stallburggasse 2
A-1010 Wien
Tel. 02 22/5 12 83 58

Antiquitäten Sonja Reisch
Stallburggasse 4
A-1010 Wien
Tel. 02 22/5 23 52 15

Juwelier Schullin
Kohlmarkt 7
A-1010 Wien
Tel. 02 22/5 33 90 07

Kunsthandel Tony Subal
Weihburggasse 11
A-1010 Wien
Tel. 02 22/5 13 31 70

Suppan
Habsburggasse 5
A-1010 Wien
Tel. 02 22/535 535 2

Tromayer
Dorotheergasse 7
A-1010 Wien
Tel. 02 22/5 13 1 0 75

Kunsthandel Dr. Robert Keil
Gloriettegasse 13
A-1030 Wien
Tel. 02 22/8 76 55
Tel. 02 22/8 76 55 74

Erich Weninger
Rennweg 19
A-1030 Wien
Tel. 02 22/35 95 64

Kunsthandel Patrick Kovacs
Rechte Wienzeile 31
A-1040 Wien
Tel. 02 22/5 87 94 74

Galerie Kramár
Alfred Kolhammer jr.
Martinstr. 83
A-3400 Klosterneuburg
Tel. 06 63/88 74 51

Peter Heuritsch
Wegscheid 7
A-3500 Krems
Tel. 0 27 32/08 07 52

Schauer
Pfarrplatz 13
A-3500 Krems
Tel. 0 27 32/8 21 59

Otto Buchinger
Inh. Pöhlmann
Bethlehemstr. 5
A-4020 Linz
Tel. 07 32/77 01 17

Kunsthandel Runge
Herrenstr. 17
A-4020 Linz
Tel. 07 32/78 24 44

Kunsthandel Runge
Brandstätterstr. 20
A-4070 Eferding
Tel. 0 72 72/22 46

Kunsthaus
Eleonore Wiesinger
Salzburger Str. 225
A-4600 Wels
Tel. 0 72 42/6 13 04

Galerie Salis
Imbergstr. 25
A-5010 Salzburg
Tel. 06 62/87 09 07

Adil Besim OHG
Sigmund-Haffner-Gasse 8
A-5020 Salzburg
Tel. 06 62/84 63 70

Bey Ars
Goldgasse 15
A-5020 Salzburg
Tel. 06 62/84 61 45

Otto Buchinger – Inh. Pöhlmann
Theatergasse 1
A-5020 Salzburg
Tel. 06 62/87 66 62

Erica Eccli
Antiker Schmuck
Gstättengasse 23
A-5020 Salzburg
Tel. 06 62/84 36 31

Ulf Englich
Franz-Joseph-Kai 15
A-5020 Salzburg
Tel. 06 62/84 34 96

Galerie Heinze
Gisela-Kai 15
A-5020 Salzburg
Tel. 06 62/87 22 72

Kunsthandel Michael Menzel
Bürgerspitalplatz 5
A-5020 Salzburg
Tel. 06 62/84 33 93

Bernhard Voloder
Teppichantiquitäten
Steingasse 35
A-5020 Salzburg
Tel. 06 62/87 16 81

Galerie Weihergut
Biberngasse 31
A-5020 Salzburg
Tel. 06 62/82 18 30

Galerie Maier
Sparkassenplatz 2
A-6020 Innsbruck

Karlmann Philipp
Musik - Antik - Kunst
Amtsschmiedhöhe 3
A-6060 Absam
Tel. 0 52 23/4 21 23

Antikes im Palais Liechtenstein
G. Katzenmeyer
Raiffeisenplatz7
A-6800 Feldkirch
Tel. 0 55 22/7 31 91

Kunsthandel St. Martin
Kirchstr. 5/Apothekergässele
A-6900 Bregenz
Tel. 0 55 74/4 62 65

Walter Moskat
Lauteracherstr. 32
A-6922 Wolfurt
Tel. 0 55 74/7 47 32

Schweiz:

Max Howald´s Erben AG
Gerechtigkeitsgasse 54
CH-3011 Bern
Tel. 0 31/22 14 10

Eddy und Verena Duinmeyer
Oberdorfstrasse 23 A
CH-3303 Jegenstorf
Tel. 0 31/96 00 68

Antiquité Bieder AG
Barfüsserplatz 21
CH-4051 Basel
Tel. 0 61/2 61 08 69

M. & G. Ségal
Aeschengraben 14
CH-4051 Basel
Tel. 0 61/2 72 39 08

H. A. C. Kunst der Antike
Malzgasse 23
CH-4052 Basel
Tel. 0 61/2 71 67 55

Adolf Münzer
Hammerstrasse 92
CH-4057 Basel
Tel. 0 61/9 61 46 81

André Kurmann
Schachenstrasse 23
CH-4562 Biberist
Tel. 0 65/32 43 50

Donati Arte Classica
Via Nassa 3
CH-6900 Lugano
Tel. 0 91/23 38 54

Arete
Galerie für antike Kunst
Augustinergasse 15
CH-8001 Zürich
Tel. 01/2 11 60 50

Robert Hafter
St. Peterstrasse 10
CH-8001 Zürich
Tel. 01/2 11 44 00

Galerie am Neumarkt
André Vogt
Neumarkt 13
CH-8001 Zürich
Tel. 01/2 61 41 55

Fritz Payer
Pelikanstrasse 6
CH-8001 Zürich
Tel. 01/2 21 13 82

Frank Sternberg AG
Schanzengasse 10
CH-8001 Zürich
Tel. 01/2 52 30 88

Galerie Wühre 9-Art déco
Wühre 9
CH-8001 Zürich
Tel. 01/2 21 18 70

Bader Galerie
Mythenquai 28
CH-8002 Zürich
Tel. 01/2 02 19 97

Bel Etage, N. Q. Curti
Claridenstrasse 25
CH-8002 Zürich
Tel. 01/2 02 73 63

Rhéa Galerie
Zürichbergstrasse 26
CH-8032 Zürich
Tel. 01/2 52 06 20

Heidi Vollmoeller
Kurhausstrasse 17
CH-8032 Zürich
Tel. 01/2 51 31 03

Walter Zwahlen AG
Universitätsgasse 96
CH-8033 Zürich
Tel. 01/3 63 55 15

Hansueli Fröhlich
Marktgasse 26
CH-9000 St. Gallen
Tel. 0 71/23 32 12

A. Im Obersteg
Müller-Friedberg-Strasse 1
CH-9000 St. Gallen
Tel. 0 71/22 75 40

Walter A. Grabherr
Rorschaerstrasse 112+114
CH-9438 Lüchingen b. Altstätten
Tel. 0 71/75 20 36